~ 미래와 통하는 책 ~

동양북스 외국어 베스트 도서

700만 독자의 선택!

**새로운 도서,
다양한 자료
동양북스
홈페이지에서
만나보세요!**

www.dongyangbooks.com
m.dongyangbooks.com

※ 학습자료 및 MP3 제공 여부는 도서마다 상이하므로 확인 후 이용 바랍니다.

홈페이지 도서 자료실에서 학습자료 및 MP3 무료 다운로드

PC

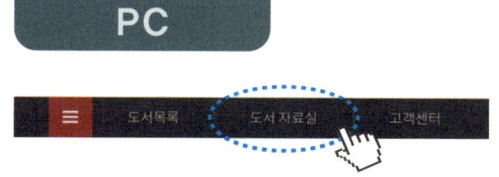

❶ 홈페이지 접속 후 도서 자료실 클릭
❷ 하단 검색 창에 검색어 입력
❸ MP3, 정답과 해설, 부가자료 등 첨부파일 다운로드
  * 원하는 자료가 없는 경우 '요청하기' 클릭!

MOBILE

* 반드시 '인터넷, Safari, Chrome' App을 이용하여 홈페이지에 접속해주세요. (네이버, 다음 App 이용 시 첨부파일의 확장자명이 변경되어 저장되는 오류가 발생할 수 있습니다.)

❶ 홈페이지 접속 후 ☰ 터치

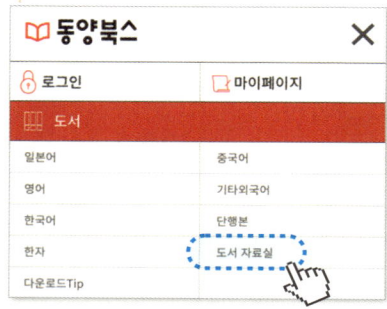

❷ 도서 자료실 터치

❸ 하단 검색창에 검색어 입력
❹ MP3, 정답과 해설, 부가자료 등 첨부파일 다운로드
  * 압축 해제 방법은 '다운로드 Tip' 참고

일본어능력시험

일단 합격
JLPT
N2 문법

김은영, 와카바야시 와타루 저
JLPT 교재개발연구회 감수

동양북스

일 본 어 능 력 시 험
일단 합격
JLPT N2 문법

초판 5쇄 | 2024년 8월 10일

저　자 | 김은영, 와카바야시 와타루
감　수 | JLPT 교재개발연구회
발행인 | 김태웅
책임 편집 | 길혜진, 이서인
디자인 | 남은혜, 김지혜
마케팅 총괄 | 김철영
온라인 마케팅 | 김은진
제　작 | 현대순

발행처 | (주)동양북스
등　록 | 제 2014-000055호
주　소 | 서울시 마포구 동교로22길 14 (04030)
구입 문의 | 전화 (02)337-1737　팩스 (02)334-6624
내용 문의 | 전화 (02)337-1762　dybooks2@gmail.com

ISBN　979-11-5768-564-6 18730
　　　　979-11-5768-549-3 (세트)

ⓒ 김은영, 와카바야시 와타루, 2019

▶ 본 책은 저작권법에 의해 보호를 받는 저작물이므로 무단 전재와 복제를 금합니다.
▶ 잘못된 책은 구입처에서 교환해드립니다.
▶ 도서출판 동양북스에서는 소중한 원고, 새로운 기획을 기다리고 있습니다.
　 http://www.dongyangbooks.com

머리말

N2는 중급 단계를 넘어 고급 일본어로 도약하기 위한 중요한 단계이며, 회화·뉴스·신문·소설 등의 다양한 분야에 폭넓게 사용되는 필수 문형입니다. 따라서 일본어의 뼈대가 되는 기본적인 문형을 정확하게 이해하고 그것을 바탕으로 고급 일본어 응용 능력을 기르는 것이 필요합니다.

최근 출제 경향은 암기 위주의 단편적인 문법 문제보다는 전체적인 문장의 이해도를 묻거나 기초적인 부분들의 정확한 이해를 바탕으로 하는 응용 문제들이 주로 출제되고 있습니다.

이 책은 그러한 점을 충분히 고려하여

1) 개정 후의 시험을 분석하여 실제 시험에 자주 출제되는 문형을 수록하였습니다.
2) 회화 문형 위주로 출제되는 출제 경향을 반영하여 회화에서 자주 사용되는 필수 문형도 함께 다루었습니다.
3) 문법·독해·청해·어휘의 각 영역별 능력이 골고루 향상될 수 있도록 실제 생활에 자주 사용되는 문형과 예문 위주로 수록하였습니다.

이 책이 일본어 학습에 많은 도움이 되어 여러분의 일본어 실력이 탄탄하고 균형 있게 향상되기를 바랍니다. 더불어 N2뿐 아니라 JLPT의 최고 레벨인 N1 합격까지 이루고자 하는 목표를 꼭 달성하시기를 응원합니다.

外国語を勉強する際、皆さんはどのように勉強をしているだろうか。まず文字を覚える。次に語彙力を増やす。そして文法を学び文章の組み立てができるようにする。しかしそれだけでは外国人と心と心の会話はできない。相手の文化を知ってはじめて、相手の立場に立って外国語で会話ができるようになるのだ。

N2の勉強をしている皆さんはそのことに少しずつ気づき始めたのではないだろうか。韓国語で文章を作り、それを日本語に翻訳し、口から発する。確かに意思疎通はできるだろうが、ぎこちない日本語の文章構成になっていることが多い。日本というのはどういう国か。どういう文化や習慣を持つ国かが、理解できれば、日本語の文章や表現の特徴が掴めてくる。

逆に言えば、語学を勉強するということは、相手の国のことについて知る良い機会となる。本やテレビだけでなく、インターネットなど、色々な媒体を通して、相手の国を知ることができる時代だ。今この本を手にしている皆さんは、N2合格に向けて猛勉強中なので、そんな余裕はないのかもしれないが、様々な資料を通して、日本という国について考えてみよう。そうすれば、もっと日本とも、そして日本語とも親しくなれるであろう。

皆さんの健闘を祈る。

2019년 11월 김은영, 와카바야시 와타루

이 책의 구성과 활용법

　이 책은 JLPT(일본어능력시험) N2 문법에 대비할 수 있도록 구성된 수험서입니다. 2010년 개정 이후 출제된 문형들을 학습하고 확실하게 복습할 수 있도록 짜여 있습니다. 이 책은 크게 네 개 파트로 이루어집니다. 처음 JLPT 문법 학습을 준비하는 학습자들을 위해 ❶ 유형을 분석하고, ❷ 기출 문법을 살펴본 후 ❸ 본격적인 문법 학습으로 나아갑니다. 문법 학습을 마친 뒤에는 ❹ 실전 형식의 모의고사를 통해 마무리 실력 점검을 할 수 있습니다.

▶ PART 1 유형 공략
시험 유형과 꿀팁을 한눈에!

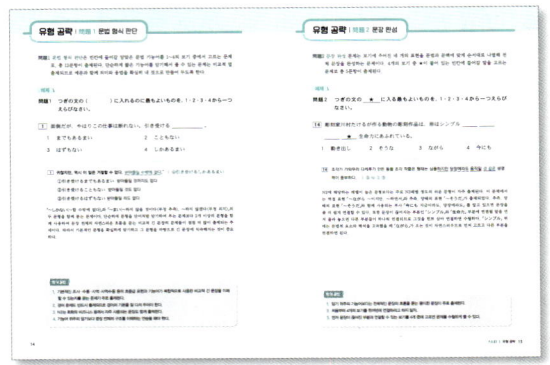

〈PART 1 유형 공략〉에서는 본격적인 학습에 앞서 시험에 출제되는 각 문제 유형을 제시하여 처음 JLPT를 접하는 학습자도 유형에 쉽게 적응할 수 있습니다. 또한 '합격 꿀팁'을 통해 고득점을 위한 비법도 확인할 수 있습니다.

▶ PART 2 기출 공략
지피지기면 백전백승, 기출 문법 정복하기

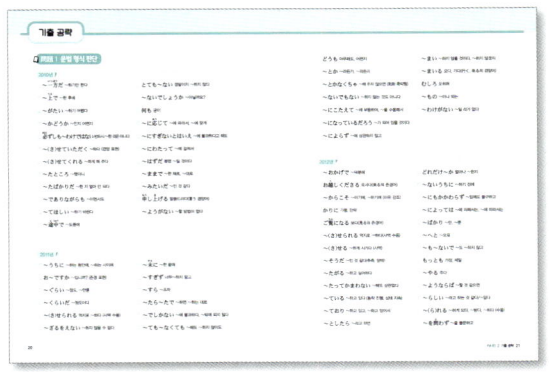

〈PART 2 기출 공략〉에서는 2010년부터 지금까지의 기출 문법을 살펴봅니다. 정답으로 제시되었던 문형뿐만 아니라 기출 문장 속에 포함되었던 중요 표현을 함께 수록하여 더욱 꼼꼼하게 기출 문법을 학습할 수 있습니다.

▶ PART 3 합격 공략
N2 문법 만점을 위한 실력 다지기

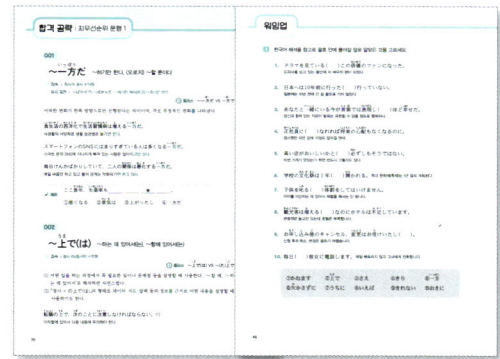
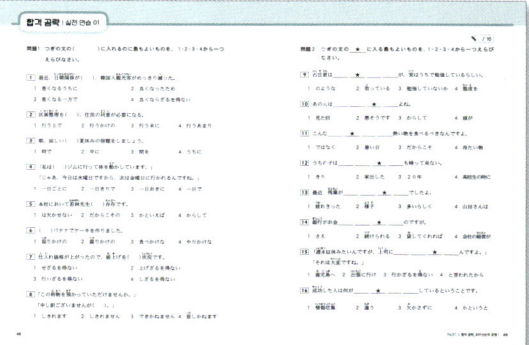

〈PART 3 합격 공략〉에서는 N2 합격을 위한 필수 문형을 이해하고, 확실히 복습할 수 있도록 하였습니다. 각 문형들을 우선 순위별로 분류하여 효과적으로 학습할 수 있으며 각 문형마다 바로바로 체크 문제를 풀어 볼 수 있습니다.

문형 학습을 마친 후에는 워밍업 문제를 통해서 앞에서 배운 문형을 복습합니다. 복습이 끝나면 실제 시험과 동일한 유형의 문제를 풀어 보면서 문법 실력을 탄탄하게 다져 보세요.

▶ PART 4 실전 공략
문법 모의고사 3회분으로 마무리 점검

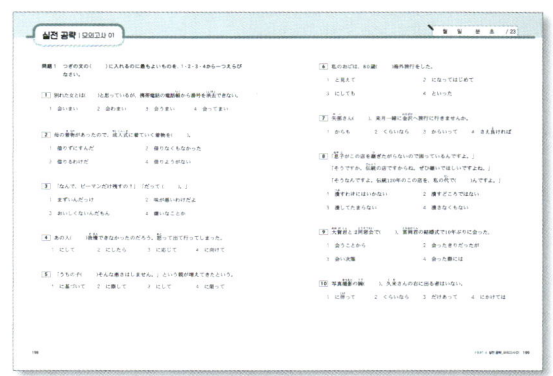

〈PART 4 실전 공략〉에서는 문법 문제로 구성된 모의고사 3회분을 풀이합니다. 실제로 시험을 보는 것처럼 시간을 정해 두고 문제를 풀이하세요. 문제를 다 푸는 데 걸린 시간과 정답의 개수를 기록하면서 시험을 보기 전 마지막으로 실력을 점검합니다.

JLPT(일본어능력시험)란?

❶ JLPT에 대해서

JLPT(Japanese-Language Proficiency Test)는 일본어를 모국어로 하지 않는 사람의 일본어 능력을 측정하고 인정하는 시험으로, 국제교류기금과 재단법인 일본국제교육지원협회가 주최하고 있습니다. 1984년부터 실시되고 있으며 다양화된 수험자와 수험 목적의 변화에 발맞춰 2010년부터 새로워진 일본어 능력시험이 연 2회(7월, 12월) 실시되고 있습니다.

❷ JLPT 레벨과 인정 기준

레벨	과목별 시간		인정 기준
	유형별	시간	
N1	언어지식(문자·어휘·문법) 독해	110분	**기존시험 1급보다 다소 높은 레벨까지 측정** [읽기] 논리적으로 약간 복잡하고 추상도가 높은 문장 등을 읽고, 문장의 구성과 내용을 이해할 수 있으며 다양한 화제의 글을 읽고, 이야기의 흐름이나 상세한 표현의도를 이해할 수 있다. [듣기] 자연스러운 속도의 체계적 내용의 회화나 뉴스, 강의를 듣고, 내용의 흐름 및 등장인물의 관계나 내용의 논리구성 등을 상세히 이해하거나, 요지를 파악할 수 있다.
	청해	60분	
	계	170분	
N2	언어지식(문자·어휘·문법) 독해	105분	**기존시험의 2급과 거의 같은 레벨** [읽기] 신문이나 잡지의 기사나 해설, 평이한 평론 등, 논지가 명쾌한 문장을 읽고 문장의 내용을 이해할 수 있으며, 일반적인 화제에 관한 글을 읽고, 이야기의 흐름이나 표현의도를 이해할 수 있다. [듣기] 자연스러운 속도의 체계적 내용의 회화나 뉴스를 듣고, 내용의 흐름 및 등장인물의 관계를 이해하거나, 요지를 파악할 수 있다.
	청해	50분	
	계	155분	
N3	언어지식(문자·어휘)	105분	**기존시험의 2급과 3급 사이에 해당하는 레벨(신설)** [읽기] 일상적인 화제에 구체적인 내용을 나타내는 문장을 읽고 이해할 수 있으며, 신문의 기사 제목 등에서 정보의 개요를 파악할 수 있다. 일상적인 장면에서 난이도가 약간 높은 문장을 바꿔 제시하며 요지를 이해할 수 있다. [듣기] 자연스러운 속도의 체계적 내용의 회화를 듣고, 이야기의 구체적인 내용을 등장인물의 관계 등과 함께 거의 이해할 수 있다.
	언어지식(문법)·독해		
	청해	40분	
	계	145분	
N4	언어지식(문자·어휘)	95분	**기존시험 3급과 거의 같은 레벨** [읽기] 기본적인 어휘나 한자로 쓰여진, 일상생활에서 흔하게 일어나는 화제의 문장을 읽고 이해할 수 있다. [듣기] 일상적인 장면에서 다소 느린 속도의 회화라면 거의 내용을 이해할 수 있다.
	언어지식(문법)·독해		
	청해	35분	
	계	130분	
N5	언어지식(문자·어휘)	80분	**기존시험 4급과 거의 같은 레벨** [읽기] 히라가나나 가타카나, 일상생활에서 사용되는 기본적인 한자로 쓰여진 정형화된 어구나 문장을 읽고 이해할 수 있다. [듣기] 일상생활에서 자주 접하는 장면에서 느리고 짧은 회화로부터 필요한 정보를 얻어낼 수 있다.
	언어지식(문법)·독해		
	청해	30분	
	계	110분	

❸ 시험 결과의 표시

레벨	득점 구분	인정 기준
N1	언어지식(문자·어휘·문법)	0~60
	독해	0~60
	청해	0~60
	종합득점	0~180
N2	언어지식(문자·어휘·문법)	0~60
	독해	0~60
	청해	0~60
	종합득점	0~180
N3	언어지식(문자·어휘·문법)	0~60
	독해	0~60
	청해	0~60
	종합득점	0~180
N4	언어지식(문자·어휘·문법)·독해	0~120
	청해	0~60
	종합득점	0~180
N5	언어지식(문자·어휘·문법)·독해	0~120
	청해	0~60
	종합득점	0~180

❹ 시험 결과 통지의 예

다음 예와 같이 ① '득점구분별 득점'과 득점구분별 득점을 합계한 ② '종합득점', 앞으로의 일본어 학습을 위한 ③ '참고정보'를 통지합니다. ③ '참고정보'는 합격/불합격 판정 대상이 아닙니다.

※예 N2를 수험한 Y씨의 '합격/불합격 통지서'의 일부 성적 정보(실제 서식은 변경될 수 있습니다.)

① 득점 구분별 득점			② 종합 득점
언어지식 (문자·어휘·문법)	독해	청해	120/180
50/60	30/60	40/60	

③ 참고 정보	
문자·어휘	문법
A	C

A 매우 잘했음 (정답률 67% 이상)
B 잘했음 (정답률 34%이상 67% 미만)
C 그다지 잘하지 못했음 (정답률 34% 미만)

차례

머리말 03
이 책의 구성과 활용법 04
JLPT(일본어능력시험)란? 06
차례 08
본 책의 문법 용어 10

PART 1 유형 공략

問題 7 문법 형식 판단 14
問題 8 문장 완성 15
問題 9 문맥 이해 16

PART 2 기출 공략

問題 7 문법 형식 판단 20
問題 8 문장 완성 26
問題 9 문맥 이해 30

PART 3 합격 공략

01 최우선순위 문형 1 36
02 최우선순위 문형 2 52
03 최우선순위 문형 3 68
04 필수 문형 1 84
05 필수 문형 2 100
06 필수 문형 3 116

07	필수 문형 4	132
08	중요 문형 1	148
09	중요 문형 2	164
10	중요 문형 3	180

PART 4 실전 공략

모의고사 01	198
모의고사 02	204
모의고사 03	210

▶ 부록 ◀

N2에 많이 출제되는 N3 문형	218
부사 정리	222
접속사 정리	229
경어 정리	232
색인	238
정답 확인	242

*이 책에 나온 문제의 정답과 해석은 표지의 QR코드를 스캔하거나 동양북스 홈페이지 (www.dongyangbooks.com) 도서 자료실에 접속하면 확인할 수 있습니다.

본 책의 문법 용어

※본 책에서 쓰이고 있는 문법 용어는 다음과 같습니다. 문법의 접속 형태 또는 각 품사의 기본 활용형을 확인하고 싶을 때 아래를 참고하세요.

● 보통형

	명사	な형용사	い형용사	동사
현재	人だ/人である	ひまだ/ひまである	おいしい	休む
부정	人じゃない	ひまじゃない	おいしくない	休まない
과거	人だった	ひまだった	おいしかった	休んだ
과거 부정	人じゃなかった	ひまじゃなかった	おいしくなかった	休まなかった
진행 / 상태 지속				休んでいる 休んでいた 休んでいない 休んでいなかった
가능				休める

● 명사 수식형

	명사	な형용사	い형용사	동사
현재	人の/人である	ひまな/ひまである	おいしい	休む
부정	人じゃない	ひまじゃない	おいしくない	休まない
과거	人だった	ひまだった	おいしかった	休んだ
과거 부정	人じゃなかった	ひまじゃなかった	おいしくなかった	休まなかった
진행 / 상태 지속				休んでいる 休んでいた 休んでいない 休んでいなかった
가능				休める

● 동사의 ます형 / て형 / た형 / ない형

기본형	ます형	て형	た형	ない형
会う	会います	会って	会った	会わない
起きる	起きます	起きて	起きた	起きない
する	します	して	した	しない
来る	きます	きて	きた	こない

● 주요 활용형 정리

	가능형	ば형(가정형)	의지, 권유형	명령형
동사	行ける 食べられる できる 来られる	行けば 食べれば すれば 来れば	行こう 食べよう しよう 来よう	行け 食べろ しろ 来い
い형용사		おいしければ おいしくなければ		
な형용사		ひまなら(ば) ひまじゃなければ		
명사		人なら(ば) 人じゃなければ		

	수동형	사역형	사역수동형
동사	行かれる 食べられる される 来られる	行かせる 食べさせる させる 来させる	行かせられる/行かされる 食べさせられる させられる 来させられる
い형용사			
な형용사			
명사			

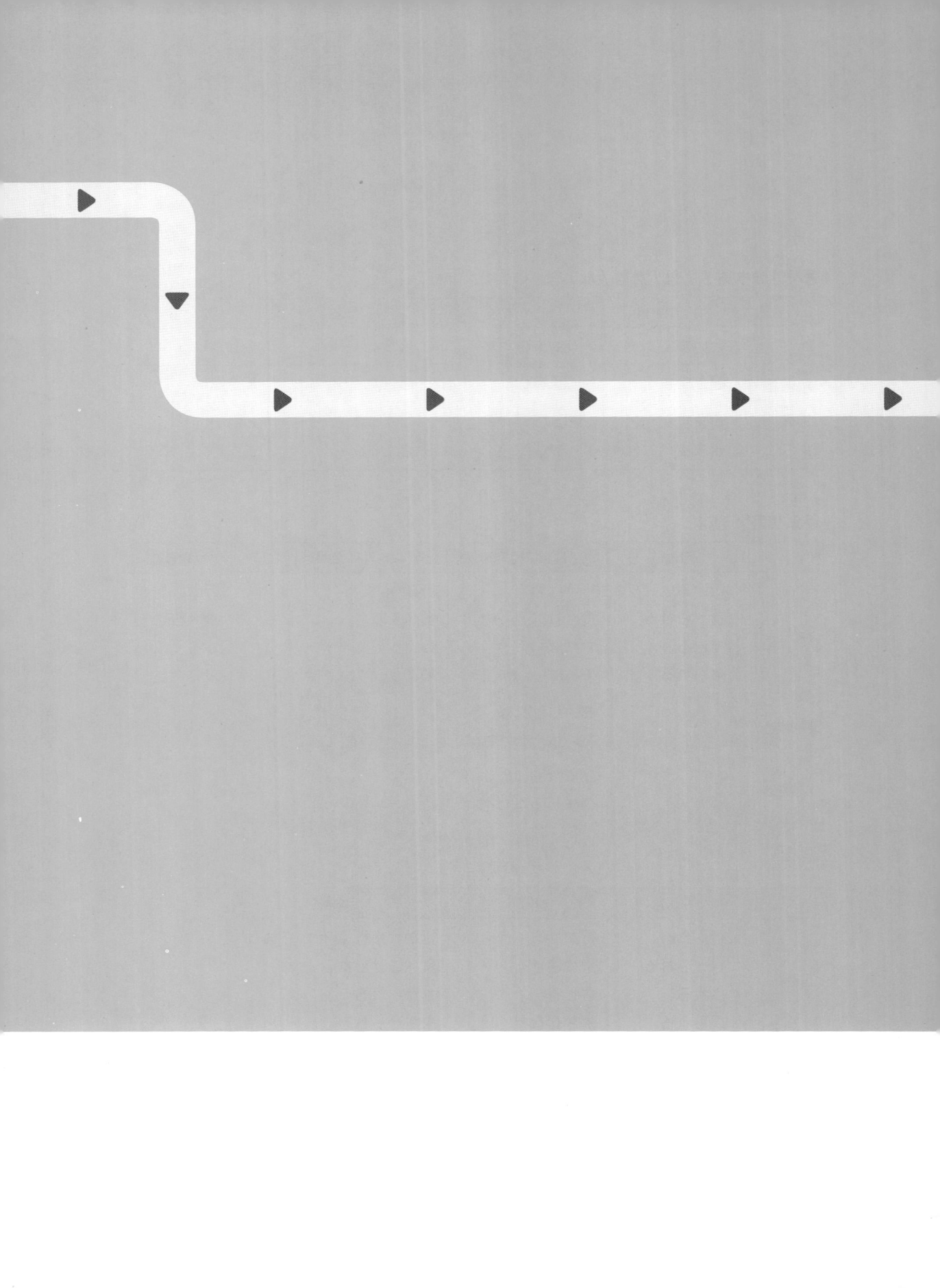

問題 7	문법 형식 판단	14
問題 8	문장 완성	15
問題 9	문맥 이해	16

〈PART1 유형 공략〉에서는 각 문제 유형의 대략적인 개요를 살펴봅니다. 본격적인 문법 학습에 앞서 문제 유형의 기본적인 정보를 확인합니다. 각각의 문제에 대해 간단하게 정리해 두었으니 가볍게 읽으며 워밍업을 합니다.

유형 공략 | 問題7 문법 형식 판단

問題7 문법 형식 판단은 빈칸에 들어갈 알맞은 문법 기능어를 1~4의 보기 중에서 고르는 문제로, 총 12문항이 출제된다. 단순하게 짧은 기능어를 암기해서 풀 수 있는 문제는 비교적 덜 출제되므로 예문과 함께 의미와 용법을 확실히 내 것으로 만들어 두도록 한다.

예제

問題7 次の文の（　　　　　）に入れるのに最もよいものを、1・2・3・4から一つ選びなさい。

1 面倒だが、やはりこの仕事は断れない。引き受ける＿＿＿＿＿＿。

1　までもあるまい　　　　　　2　こともない

3　はずもない　　　　　　　　4　しかあるまい

---

1 귀찮지만, 역시 이 일은 거절할 수 없다. 받아들일 수밖에 없다. | ④ 引き受けるしかあるまい

① 引き受けるまでもあるまい 받아들일 것까지도 없다.
② 引き受けることもない 받아들일 것도 없다.
③ 引き受けるはずもない 받아들일 리도 없다.

「～しかない(～할 수밖에 없다)」와 「～まい(～하지 않을 것이다〈부정 추측〉, ～하지 않겠다〈부정 의지〉)」의 두 문형을 함께 묻는 문제이다. 단순하게 문형을 단어처럼 암기하여 푸는 문제보다 2개 이상의 문형을 함께 사용하여 문장 전체의 자연스러운 흐름을 묻는 비교적 긴 문장의 문제들이 점점 더 많이 출제되는 추세이다. 따라서 기본적인 문형을 확실하게 암기하고 그 문형을 바탕으로 긴 문장에 익숙해지는 것이 중요하다.

합격 꿀팁

1. 기본적인 조사·수동·사역·사역수동 등의 초중급 표현과 기능어가 복합적으로 사용된 비교적 긴 문장을 이해할 수 있는지를 묻는 문제가 주로 출제된다.
2. 경어 문제도 반드시 출제되므로 경어의 기본을 잘 다져 두어야 한다.
3. N2는 회화와 비즈니스 등에서 자주 사용되는 문장도 함께 출제된다.
4. 기능어 위주의 암기보다 문장 전체의 구조를 이해하는 연습을 해야 한다.

유형 공략 | 問題 8 문장 완성

問題8 문장 완성 문제는 보기에 주어진 네 개의 표현을 문법과 문맥에 맞게 순서대로 나열해 전체 문장을 완성하는 문제이다. 4개의 보기 중 ★이 붙어 있는 빈칸에 들어갈 말을 고르는 문제로 총 5문항이 출제된다.

예제

問題8 次の文の ____★____ に入る最もよいものを、1・2・3・4から一つ選びなさい。

1 彫刻家川村たけるが作る動物の彫刻作品は、形はシンプル ____ ____ ____ ★ 生命力にあふれている。

1 動き出し   2 そうな   3 ながら   4 今にも

1 조각가 가와무라 다케루가 만든 동물 조각 작품은 형태는 심플하지만 당장에라도 움직일 것 같은 생명력이 풍부하다. | ③ ④ ① ②

N2에 해당하는 레벨이 높은 문형보다는 주로 N3레벨 정도의 쉬운 문형이 자주 출제된다. 이 문제에서는 역접 표현 「〜ながら 〜이지만, 〜하면서」와 추측, 양태의 표현 「〜そうだ」가 출제되었다. 추측, 양태의 표현 「〜そうだ」와 함께 사용되는 부사 「今にも 지금이라도, 당장에라도」를 알고 있으면 문장을 좀 더 쉽게 연결할 수 있다. 또한 문장이 끊어지는 부분인 「シンプル」와 「生命力」 부분에 연결될 말을 먼저 골라 놓으면 다른 부분들이 하나씩 연결되므로 그것을 힌트 삼아 연결하면 수월하다. 「シンプル」 뒤에는 문법적 요소와 해석을 고려했을 때 「ながら」가 오는 것이 자연스러우므로 먼저 고르고 다른 부분을 연결하면 된다.

합격 꿀팁

1. 암기 위주의 기능어보다는 전체적인 문장의 흐름을 묻는 평이한 문장이 주로 출제된다.
2. 처음부터 4개의 보기를 한꺼번에 연결하려고 하지 말자.
3. 먼저 문장이 끊어진 부분과 연결할 수 있는 보기를 4개 중에 고르면 문제를 수월하게 풀 수 있다.

유형 공략 | 問題 9 문맥 이해

問題9 문맥 이해는 빈칸에 들어가는 가장 적당한 말을 고르는 문제로 총 5문항이 출제된다. 단편적인 문법 지식을 묻는 문제에서 벗어나 전체적인 문맥을 파악하고 정확하게 문장의 의미를 이해하고 있는지를 묻는 문제가 출제된다.

예제

問題9 次の文章を読んで、文章全体の内容を考えて 17 から 21 の中に入る最もよいものを、1・2・3・4から一つ選びなさい。

日本発のトイレマーク

公衆トイレの入り口に描かれている男女の絵のマーク。そのマークがあれば、文字で「トイレ」と書かれていなくても、そこがトイレであることがわかる。世界のあちこちで使われているこのトイレマークが実は日本で生まれたものだということを 1 。

トイレマークが生まれたのは、1964年の東京オリンピックがきっかけだ。この東京オリンピックは、アルファベットを使わない国での初めての開催であったため、特に問題になったのが、言葉の壁だった。当時、日本国内の案内板は「お手洗い」などと日本語で書かれているものがほとんどだった。 2 、それでは世界90数か国から来日する選手たちに理解してもらえない。かといって、参加国すべての国の言葉で書くわけにもいかない。

そこで、案内板作成者たちは、あらゆる国の選手が理解できるよう、絵で表すことを考えた。 3 、トイレマークなのだ。

そのほかにも、食堂、シャワー、公衆電話等の施設や設備を表すマークや、水泳、バレーボール等の競技を表すマークも作られた。競技を表すマークは、この東京オリンピックで初めて全面的に導入され、高い評価を受けた。そして、その後のオリンピックでもデザインを変えながら毎回 4 。

トイレマークに代表されるように、東京オリンピックをきっかけに日本で生まれたマークが、言葉の壁を越え、今や新たなコミュニケーション手段として、世界に広がっている。

それは、あらゆる人にわかりやすくという思いが世界に届いた 5 。

1
1　ご存じなわけだ　　　　　　2　ご存じだろうか
3　ご存じのようだ　　　　　　4　ご存じだからだろう

2
1　それに　　　2　しかし　　　3　または　　　4　それどころか

3
1　作成者が理解したのは　　　2　日本で考えられたのが
3　ここに生み出したのは　　　4　こうして生まれたのが

4
1　使用されている　　　　　　2　使用した点だ
3　使用していける　　　　　　4　使用したいものだ

5
1　結果として表れるかもしれない　　2　結果のはずだった
3　結果に違いない　　　　　　　　　4　結果でなければならなかった

1　세계 이곳저곳에서 사용되고 있는 이 화장실 마크가 실은 일본에서 생겨난 것이라는 사실을 <u>알고 있을까</u>. | ② ご存じだろうか

2　<u>하지만</u> 그것으로는 세계 90개국에서 일본에 오는 선수들이 이해할 수 없었다. | ② しかし

3　<u>그렇게 생겨난 것이</u> 화장실 마크이다. | ④ こうして生まれたのが

4　그래서 그 후의 올림픽에서도 디자인을 바꾸면서 매회 <u>사용되고 있다</u>. | ① 使用されている

5　그것은 모든 사람들이 알기 쉽게 하자 라는 생각이 세계에 닿은 <u>결과임에 틀림없다</u>. | ③ 結果に違いない

1번은 독자들에게 앞으로 이야기하고자 하는 내용에 대해 의문을 던지면서 화제를 제시하는 문장이므로 「ご存じだろうか」가 자연스럽고, 2번은 지금 적혀 있는 내용으로는 다른 나라 선수들이 이해할 수 없다는 뜻이므로 역접을 나타내는 「しかし」가 정답이다. 3번인 '그렇게'에 해당하는 내용은 화장실 마크가 생겨난 계기를 설명한 것으로 앞의 문장에 적혀 있으므로 앞의 내용을 받은 표현인 「こうして生まれたのが」가 정답이고, 4번은 올림픽 마크가 '사용되고 있다'라는 의미를 골라야 하므로 1번이 정답, 5번은 앞에서 이야기하는 내용에 대한 화자의 확신을 말하고 있으므로 「〜に違いない 〜임에 틀림없다」를 사용한 「結果に違いない」가 정답이다.

> **합격 꿀팁**
> 1. 문법적인 표현과 더불어 단락과 단락을 잇는 접속사, 문맥상 중요한 역할을 하는 어휘·조사·부사 등과 문말 표현도 함께 출제된다.
> 2. 지시어 관련 문제가 자주 출제되므로 평소 문장을 읽을 때 지시어가 가리키는 내용이 무엇인지를 생각하며 글을 읽는 연습을 하자.

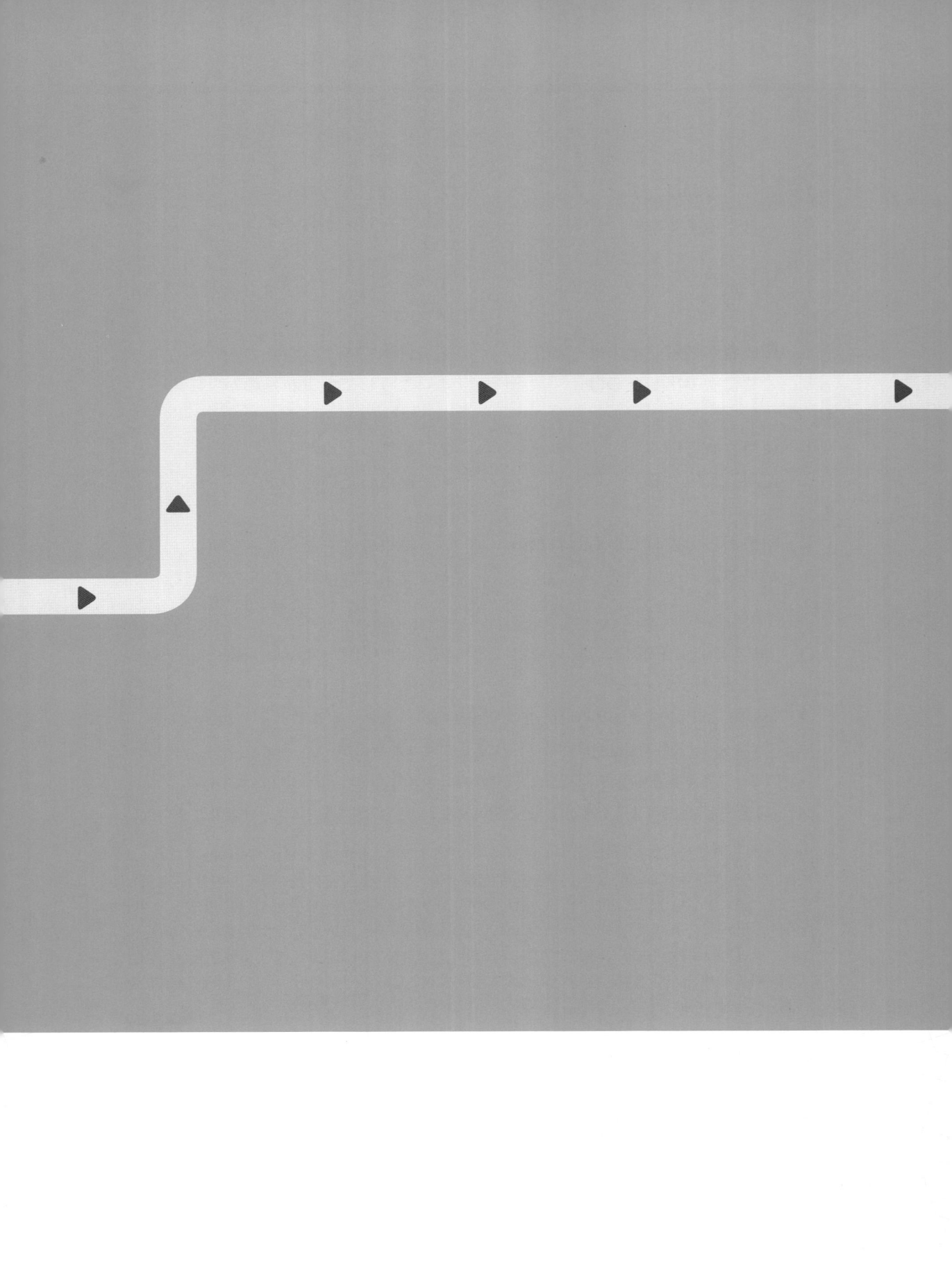

問題 7 문법 형식 판단	20
問題 8 문장 완성	26
問題 9 문맥 이해	30

〈PART2 기출 공략〉에서는 각 문제 유형별로 출제되었던 문형을 살펴봅니다. 본격적인 문법 학습에 들어가기 전에 어떤 문형들이 주로 출제되었는지 살펴보고 넘어갑니다.

기출 공략

問題 7 문법 형식 판단

2010년

- ～一方(いっぽう)だ ～하기만 한다
- ～上(うえ)で ～한 후에
- ～がたい ～하기 어렵다
- ～かどうか ～인지 어떤지
- 必(かなら)ずしも～わけではない 반드시 ～한 것은 아니다
- ～(さ)せていただく ～하다 (겸양 표현)
- ～(さ)せてくれる ～하게 해 주다
- ～たところ ～했더니
- ～たばかりだ ～한 지 얼마 안 되다
- ～でありながらも ～이면서도
- ～てほしい ～하기 바란다
- ～途中(とちゅう)で ～도중에
- とても～ない 정말이지 ～하지 않다
- ～ないでしょうか ～아닐까요?
- 何も 굳이
- ～に応(おう)じて ～에 따라서, ～에 맞게
- ～にすぎないとはいえ ～에 불과하다고 해도
- ～にわたって ～에 걸쳐서
- ～はずだ 분명 ～일 것이다
- ～ままで ～한 채로, ～대로
- ～みたいだ ～인 것 같다
- 申(もう)し上(あ)げる 말씀드리다 (言う의 겸양어)
- ～ようがない ～할 방법이 없다

2011년

- ～うちに ～하는 동안에, ～하는 사이에
- お～ですか ～입니까? (존경 표현)
- ～ぐらい ～정도, ～만큼
- ～くらいだ ～정도이다
- ～(さ)せられる 억지로 ～하다 (사역 수동)
- ～ざるをえない ～하지 않을 수 없다
- ～末(すえ)に ～한 끝에
- ～すぎず 너무 ～하지 말고
- ～すら ～조차
- ～たら～たで ～하면 ～하는 대로
- ～でしかない ～에 불과하다, ～밖에 되지 않다
- ～ても～なくても ～해도 ～하지 않아도

- [ ] どうも 아무래도, 어쩐지
- [ ] ～とか ～라든가, ～라든지
- [ ] ～とかなくちゃ ～해 두지 않으면 (회화 축약형)
- [ ] ～ないでもない ～하지 않는 것도 아니다
- [ ] ～にこたえて ～에 부응하여, ～을 수용해서
- [ ] ～になっているだろう ～가 되어 있을 것이다
- [ ] ～によらず ～에 상관하지 않고

- [ ] ～まい ～하지 않을 것이다, ～하지 않겠지
- [ ] ～まいる 오다, 가다 (行く, 来る의 겸양어)
- [ ] むしろ 오히려
- [ ] ～もの ～이나 되는
- [ ] ～わけがない ～일 리가 없다

2012년

- [ ] ～おかげで ～덕분에
- [ ] お越しくださる 오시다 (来る의 존경어)
- [ ] ～からこそ ～이기에, ～하기에 (이유 강조)
- [ ] かりに 가령, 만약
- [ ] ご覧になる 보다 (見る의 존경어)
- [ ] ～(さ)せられる 억지로 ～하다 (사역 수동)
- [ ] ～(さ)せる ～하게 시키다 (사역)
- [ ] ～そうだ ～인 것 같다 (추측, 양태)
- [ ] ～たがる ～하고 싶어하다
- [ ] ～たってかまわない ～해도 상관없다
- [ ] ～ている ～하고 있다 (동작 진행, 상태 지속)
- [ ] ～ており ～하고 있고, ～하고 있어서
- [ ] ～としたら ～라고 하면

- [ ] どれだけ～か 얼마나 ～한지
- [ ] ～ないうちに ～하기 전에
- [ ] ～にもかかわらず ～임에도 불구하고
- [ ] ～によっては ～에 의해서는, ～에 따라서는
- [ ] ～ばかり ～만, ～뿐
- [ ] ～へと ～으로
- [ ] ～も～ないで ～도 ～하지 않고
- [ ] もっとも 가장, 제일
- [ ] ～やる 주다
- [ ] ～ようならば ～할 것 같으면
- [ ] ～らしい ～라고 하는 것 같다/～답다
- [ ] ～(ら)れる ～하게 되다, ～받다, ～히다 (수동)
- [ ] ～を問わず ～을 불문하고

기출 공략

2013년

- ~勢(いきお)いだ ~할 기세이다
- いたす 하다 (する의 겸양어)
- 承(うけたまわ)る 받다 (겸양어)
- ~がち ~하는 경향이 있다, 자주 ~하다
- ~かもしれない ~일지도 모른다
- ご覧(らん)いただく 보시다 (겸양 표현)
- ~さえ~ば ~만 ~하면
- ~(さ)せる ~하게 하다 (사역)
- ~次第(しだい) ~하는 대로
- ~末(すえ)に ~한 끝에
- ただし 단, 다만
- ~たびに ~할 때마다
- ~てからでないと ~하고 나서가 아니면
- ~てもらう ~해 받다 (상대방이 ~해 주다)
- ~ならともかく ~라면 몰라도
- ~において ~에 있어서, ~에서
- ~にすぎない ~에 지나지 않다
- ~にのぼる ~에 이르다, ~에 달하다
- ~のに ~인데도
- ~ばかり ~만, ~뿐
- むしろ 오히려
- ~ものなら ~할 수 있다면
- ~や何かで ~와 같은 것에서 (예시)
- ~わけにはいかない ~할 수 없다

2014년

- あるいは 또는, 혹은
- ~うちに ~하는 동안에, ~하는 사이에
- お越(こ)しいただく 오시다 (来る의 겸양어)
- ~がる ~해 하다
- ~しかない ~할 수밖에 없다
- ~(さ)せていただける ~해 주실 수 있다 (겸양 표현)
- ~だけに ~인 만큼
- ~だって ~라도
- ~つつある ~하는 중이다
- ~てしょうがない ~해서 견딜 수 없다
- ~というから ~라고 하니까
- ~とおりに ~대로
- ~とのことだ ~라고 한다
- ~なきゃいけない ~하지 않으면 안 된다 (회화체)
- ~なりに ~나름대로
- ~にかけては ~에 있어서는, ~에 관한 한

- ～にわたって ~에 걸쳐서
- ～ままに ~한 상태로
- 見える 오시다 (来る의 존경어)
- ～ようじゃないか ~하지 않겠는가?
- ～ようであれば ~할 것 같으면
- ～ようとする ~하려고 하다
- ～ように ~하도록

2015년

- ～あまり ~한 나머지
- ～一方だ ~하기만 한다
- ～おきに ~걸러, ~간격으로
- かえって 오히려
- ～きる 끝까지 ~하다
- ～ぐらい ~정도, ~만큼
- ～ことはない ~할 필요는 없다
- ～次第 ~하는 대로
- ～ずに ~하지 않고, ~하지 않아서
- ～そうだ ~할 것 같다
- ～だけ ~한 만큼, ~할 수 있는 한
- ～てくれる ~해 주다 (남→나)
- ～てほしいだろうか ~해 주길 바랄까?
- とても～ない 도저히 ~하지 않다
- ～ないことには ~하지 않으면
- ～なきゃって ~해야만 한대
- ～にかけては ~에 있어서는, ~에 관한 한
- ～によって ~에 의해, ~에 따라
- ～ほかない ~수밖에 없다
- ～ほど ~정도, ~만큼
- ～みたいだ ~인 것 같다
- ～ものの ~이기는 하지만

2016년

- ～以上 ~한 이상
- お (ます형) する 하다 (する의 겸양 표현)
- おいでになる 오시다, 가시다 (来る, 行く의 존경어)
- お越しになる 오시다, 가시다 (来る, 行く의 존경어)
- ～かけ ~하다 만
- ～かねる ~하기 어렵다

기출 공략

- ~末^{すえ}に ~한 끝에
- ~することになる ~하게 되다
- ~そうにない ~할 것 같지 않다
- そのうち 조만간
- ~だけなら ~뿐이라면
- ~っこない ~할 리가 없다
- ~って ~라고 하는, ~래, ~은
- ~てからにする ~하고 나서로 하다
- ~としたら ~라고 하면

- ~とする ~라고 하다 (가정)
- ~ないことがある ~하지 않는 경우가 있다
- ~において ~에 있어서, ~에서
- ~にしては ~치고는
- ~に対^{たい}して ~에 대해서, ~을 상대로
- ~につぐ ~를 잇는, ~에 버금가는
- ~ものだ ~하구나 (감탄)
- ~ように ~하도록

2017년

- ~うちに ~하는 동안에, ~하는 사이에
- お~です ~하십니다 (존경 표현)
- ~おきに ~걸러, ~간격으로
- ~おそれがある ~할 우려가 있다
- ~ございます 있습니다 (있다의 존경 표현)
- ~じゃない？ ~잖아?, ~아니야?, ~아닐까?
- たとえ~ても 설령 ~라 해도
- ~た方がよかった ~하는 편이 좋았다
- ~つつある ~하는 중이다
- できるものなら ~할 수만 있다면
- ~てくださる ~해 주시다

- ~てならない ~해서 견딜 수 없다
- ~てばかりだ ~하기만 한다
- ~ということだ ~라고 한다
- ~というように ~라는 것처럼, ~라는 식으로
- どうやって~したか 어떻게 ~했는지
- ~ないかなあ ~없을까
- ~なら ~라면
- ~にでも ~에라도
- ~はずがない ~일 리가 없다
- まさか 설마
- ~もらってくれない ~받아 주지 않을래?

- ~ようとしないで ~하려고 하지 않고
- ~を通して ~을 통해서

2018년

- いったい~だろう 대체 ~일까
- ~一方だ ~하기만 한다
- お~です(お待ちです) ~하십니다
- おそらく 아마, 필시
- ~からしか~ない ~에서밖에 ~할 수 없다
- ~ざるを得ない ~하지 않을 수 없다
- ~(さ)せられる 억지로 ~하다 (사역 수동)
- ~たがる ~하고 싶어하다
- ~たところ ~했더니
- ~たままにせず ~한 채로 두지 말고
- ~ついでに ~하는 김에
- ~てはどうか ~하면 어떨지
- ~というだけで ~라는 것만으로
- ~というのは 왜냐하면
- とうとう 결국, 마침내
- ~として ~로서
- どの~よりも 어느 ~보다도
- ~ないように ~하지 않도록
- ~なさい ~하시오, ~하렴
- ~なら ~라면
- ~にしたがって ~에 따라서
- ~にしては ~치고는
- ~に違いない ~임에 틀림없다
- ~につれて ~에 따라서
- ~にほかならない ~임에 틀림없다
- まもなく 머지않아, 곧
- ~向き ~에 적합함
- ~も~しない ~도 ~하지 않다
- 申し上げる 말씀드리다 (言う 겸양어)
- ~やらせてもらう ~하게 해 주다
- ~よりも ~보다도
- ~わけにはいかない ~할 수 없다
- ~ようとしなくてもいい ~려고 하지 않아도 된다
- ~わりに ~에 비해서

기출 공략

2019년

- ~(ます형)+切る 끝까지 ~하다
- ~きり ~한 채
- ~しようとすればするほど ~하려고 하면 할수록
- そういう 그러한
- ~だらけ ~투성이
- ~てしまおう ~해 버리자
- ~でたまらない 너무 ~해서 견딜 수 없다
- ~てもらう ~해 받다 (상대방이 ~해 주다)
- どうか~ように 부디 ~하도록
- ~どころか ~커녕
- ~としては ~로서는
- ~としても ~라고 해도
- ~に当たって ~할 때
- ~にとって ~에게 있어서
- ~ものなら ~한다면

問題 8 문장 완성

2010년

- ~からこそ ~이기에, ~하기에 (이유 강조)
- ~からすると ~에서 보면
- ご存じだ 아시다 (知っている의 존경어)
- ~じゃないかと思う ~아닐까라고 생각한다
- ~というような ~라고 하는 듯한
- ~といっても ~라고 해도
- ~ないうちに ~하기 전에
- ~によって ~에 의해, ~에 따라
- ~ばかり ~만
- ~までで ~뿐이고, ~까지이고
- ~ものだ ~한 법이다

2011년

- ~おかげだ ~덕분이다
- ~かのようだ ~인 듯하다
- ~さえ~ば ~만 ~하면
- ~だって ~라 해도
- ~てくれる ~해 주다 (남→나)
- ~て初(はじ)めて ~하고 나서야 비로소
- ~てやる ~해 주다 (나→남)
- ~としても ~라고 해도
- ~なんていう ~라고 하는
- ~にしたら ~로서는, ~의 입장에서는

2012년

- いずれにしても 어느 쪽이든, 어쨌든
- ~から ~이니까
- ~ことになっている ~하기로 되어 있다
- ~だけ ~한 만큼, ~할 수 있는 한
- ~ていただく ~해 받다, ~해 주다 (남→나)
- ~とあるが ~라고 적혀 있는데
- ~といった ~와 같은 (나열, 예시)
- ~はずだ 분명 ~일 것이다
- ~ほど ~정도, ~만큼
- ~も ~도, ~이나

2013년

- ~上(うえ)で ~하는 데 있어서
- ~きり ~한 채
- ~ぐらい ~정도, ~만큼
- ~すら ~조차
- ~といえば ~라고 하면
- ~としても ~라고 해도
- ~に限(かぎ)る ~가 최고이다
- ~はもとより ~은 물론이고
- ~ほど ~정도, ~만큼
- ~をはじめ ~을 비롯해서

기출 공략

2014년

- ~上で ~하는 데 있어서
- ~(ます형)+切る 끝까지 ~하다
- ~ことはない ~할 필요는 없다
- ~そうだ ~라고 한다
- つい 그만, 결국, 무심코
- どうしても 무슨 일이 있어도, 꼭
- ~とは ~하다니, ~라니
- どんなに~ても 아무리 ~해도
- ~なんて ~하다니, ~라니
- ~につれて ~함에 따라서
- ~ばいいのに ~하면 좋을 텐데

2015년

- ~上に ~한 데다가
- ~くらい ~정도, ~만큼
- ~せいか ~탓인지
- ~といった ~와 같은 (나열, 예시)
- ~と思われる ~라고 생각되다
- ~どおりに ~대로
- ~として ~로서
- ~と~(と)では ~과 ~과는
- ~ように ~하도록
- ~をこめて ~을 담아서

2016년

- ~(さ)せられる 억지로 ~하다 (사역 수동)
- 今にも~そうだ 당장에라도 ~할 것 같다
- ~上で ~한 후, ~한 다음에
- ~かどうか ~인지 어떤지
- ~だけでなく ~뿐 아니라
- ~ついでに ~하는 김에
- ~て以来 ~한 이래로
- ~ないで済む ~하지 않아도 된다
- ~ながら ~하면서, ~이지만 (역접)
- 二度と~ない 두 번 다시 ~하지 않다
- まず 거의, 대체로

2017년

- ~きり ~한 채
- 決(けっ)して~ない 결코 ~하지 않다
- ~末(すえ)に ~한 끝에
- ~だけの ~만의, ~뿐인
- ~たびに ~할 때마다
- ~であっても ~라도
- なかなか~ない 좀처럼 ~하지 않다
- ~にとって ~에게 있어서
- ようやく 겨우, 마침내
- ~わけではない ~인 것은 아니다
- ~をはじめとする ~을 비롯한

2018년

- ~欠(か)かせない 빠트릴 수 없다, 필수적이다
- ~ことから ~인 이유로
- 次第(しだい)に 점차로
- そこで 그래서
- ~てでも ~해서라도
- ~ているうちに ~하고 있는 동안에
- ~として ~로서
- どんなに~ても 아무리 ~해도
- ~につれて ~에 따라서
- ~によって ~에 의해, ~에 따라
- ~はもちろん ~은 물론
- ~ほど ~정도, ~만큼
- ~ようと ~하려고

2019년

- ~かどうかは別(べつ)として ~할지 어떨지는 제쳐 두고
- ~次第(しだい) ~에 달려 있다
- ~に限(かぎ)らず ~뿐 아니라
- ~はずだ 분명 ~일 것이다
- もう 이제, 이미, 벌써

기출 공략

📖 問題 9 문맥 이해

2010년

- ～が～だ ～이 ～이다
- この 이
- このように 이처럼, 이와 같이
- ～たらどうですか ～하는 게 어때요?
- ～ないのではない ～할 수 없는 것은 아니다
- ～ならば ～라면
- ～に関(かん)して ～에 관해서
- ～ましょう ～합시다
- ～もの ～것
- ～わけだ ～인 것이다

2011년

- ～(ら)れる ～하게 되다, ～받다, ～히다 (수동)
- こう 이렇게
- このような 이러한
- さまざまだ 다양하다, 가지각색이다
- つまり 즉, 다시 말해
- どのように 어떤 식으로, 어떻게
- ～なら ～라면
- ～ほかに 그 밖에

2012년

- たとえば 예를 들면
- ～かもしれない ～일지도 모른다
- もちろん 물론
- 実(じつ)は 실은
- ～場合(ばあい) ～하는 경우
- この 이
- ～というわけだ ～라는 것이다
- ～とされる ～라고 여겨지다
- ～のである ～인 것이다
- お～いただけますか
  ～하실 수 있을까요? (겸양 표현)

2013년

- ~(さ)せられる 억지로 ~하다 (사역 수동)
- ある 어느
- そうでもない 그렇지도 않다
- ~だが ~이지만
- ~と言える ~라고 할 수 있다
- ~とはいえ ~라고는 해도
- ~とは思えない ~라고는 생각되지 않는다
- ~ようと思う ~하려고 생각하다

2014년

- ~かもしれない ~일지도 모른다
- その 그
- ~といい ~하면 좋다
- ~ということだ/~とのことだ ~라고 한다
- どのような 어떠한
- ~とはいえ ~라고는 해도
- ~に違いない ~임이 틀림없다
- ~もの ~것
- 要するに 요컨대, 결국
- ~(さ)れている ~되고 있다
- ~(ら)れる ~하게 되다, ~받다, ~히다 (수동)

2015년

- ~以上だ ~이상이다
- こんな 이런
- すると 그러자, 그랬더니
- ~たところ ~했더니
- ~だろう ~이겠지, ~일 것이다
- ~だろうか ~일까?
- ~ではないか ~인 것은 아닐까?
- どの 어느
- ~ようだ ~인 것 같다
- ~(ら)れる ~하게 되다, ~받다, ~히다 (수동)

기출 공략

2016년

- ~かもしれない ~일지도 모른다
- こういう 이러한
- こうして 이렇게 해서
- ご存じだろうか 알고 계실까? (知っている의 존경어)
- しかし 하지만, 그러나
- 確かに 아마, 틀림없이
- ~ではないのか ~인 것은 아닐까?
- ~のだろう ~인 것이겠지
- ~らしい ~인 것 같다

2017년

- こうして見てみると 이렇게 보면
- さらに 게다가, 더욱이
- 実は 실은
- ~そうだ(難しそうです) ~것 같다 (추측, 양태)
- それには 그렇게 하기 위해서는
- そんな大きな翼 그런 큰 날개
- ~というわけだ ~인 것이다
- ~のでしょう ~것일까요?

2018년

- 一例を挙げよう 일례를 들어 보자
- そこで 그래서
- ~てみるのも悪くない ~해 보는 것도 나쁘지 않다
- ~というわけだ ~인 것이다

2019년

- □ ～一方(いっぽう)だ ～할 뿐이다
- □ ～からには ～한 이상은
- □ ～せいにする ～탓으로 하다
- □ それに 게다가
- □ ～ためには ～위해서는
- □ つまり 즉, 다시 말해, 요컨대
- □ ～というわけだ ～라는 이유다
- □ ～ようにした方がいい ～하도록 하는 편이 좋다

① 문형 학습

N2 문법의 중요 문형을 공부합니다. 시험에 출제되는 중요 문형의 형태와 의미를 중요도 순으로 정리했으니 꼼꼼하게 체크하세요.

② 워밍업

문형 학습을 마친 후에는 간단한 문제를 통해 빠르게 복습해 볼 수 있습니다.

③ 실전 연습

실제 일본어 능력시험(JLPT) N2의 문법 시험과 동일한 형식의 문제를 풀어 보면서 실전에 대비할 수 있습니다.

PART 3

합격 공략

01 최우선순위 문형 1 36	06 필수 문형 3 116
02 최우선순위 문형 2 52	07 필수 문형 4 132
03 최우선순위 문형 3 68	08 중요 문형 1 148
04 필수 문형 1 84	09 중요 문형 2 164
05 필수 문형 2 100	10 중요 문형 3 180

〈PART3 합격 공략〉에서는 N2 문법의 중요 문형을 공부합니다. 시험에 출제되는 중요 문형의 형태와 의미를 중요도 순으로 정리했고, 각 문형마다 간단한 체크 문제를 풀어 볼 수도 있습니다. 문형을 살펴본 다음에는 워밍업을 통해 앞에서 배운 문형을 복습하고 실전 연습으로 실력을 쌓아 보세요.

합격 공략 | 최우선순위 문형 1

001

～一方(いっぽう)だ　～하기만 한다, (오로지) ~할 뿐이다

- **접속** | 동사의 명사 수식형
- **유사 표현** | ～ばかりで/～ばかりだ ～하기만 해서(하고)/~하기만 하다

➕ **플러스** ～一方(いっぽう)だ VS 一方(いっぽう)で 106

어떠한 변화가 한쪽 방향으로만 진행된다는 의미이며, 주로 부정적인 변화를 나타낸다.

食生活(しょくせいかつ)の西洋化(せいようか)で生活習慣病(せいかつしゅうかんびょう)は増(ふ)える一方(いっぽう)だ。
식생활의 서양화로 생활 습관병은 늘기만 한다.

スマートフォンのSNSにはまりすぎている人は多くなる一方(いっぽう)だ。
스마트폰의 SNS에 지나치게 빠져 있는 사람은 많아지고만 있다.

毎日けんかばかりしていて、二人の関係(かんけい)は悪化(あっか)する一方(いっぽう)だ。
매일 싸움만 하고 있고 둘의 관계는 악화되기만 하고 있다.

✅ **체크**　ここ数年(すうねん)、失業率(しつぎょうりつ)も_____ _____ ★ _____。
① 悪くなる　② 景気(けいき)は　③ 上がったし　④ 一方だ

002

～上(うえ)で(は)　～하는 데 있어서(는), ~함에 있어서(는)

- **접속** | 명사 の/동사의 사전형

➕ **플러스** ～上(うえ)で(は) VS ～(た)上(うえ)で

(1) 어떤 일을 하는 과정에서 꼭 필요한 일이나 문제점 등을 설명할 때 사용한다. '~할 때, ~하는 데 있어서'로 해석하면 자연스럽다.
(2) 「명사 + の上で(は)」의 형태로 데이터·지도·달력 등의 정보를 근거로 어떤 내용을 설명할 때 사용하기도 한다.

転職(てんしょく)の上(うえ)で、次(つぎ)のことに注意(ちゅうい)しなければならない。 (1)
이직함에 있어서 다음 내용에 주의해야 한다.

仕事をする上では、時間をきちんと守ることが大切です。 (1)
일을 하는 데 있어서는 시간을 확실하게 지키는 것이 중요합니다.

地図の上では近く見えたけど、実際に歩いてみたら結構遠かった。 (2)
지도상으로는 가깝게 보였지만 실제로 걸어봤더니 꽤 멀었다.

✅ **체크** 結婚生活を送る(① 上に ② 上で) 必要なことは思いやりだ。

003

～うちに/～ないうちに ～하는 동안에/～하기 전에

접속 | 명사·동사·い형용사·な형용사의 명사수식형

어떤 상태가 지속되는 동안에 새로운 변화가 생기거나 예상 밖의 일이 생겼다는 의미이다. 「～ないうちに」는 어떤 상황이 끝나기 전에 동작을 한다는 의미로, 보통 '～하기 전에'로 해석된다.

人気商品だから、売り切れないうちに買いに行こう。
인기 상품이니까 품절되기 전에 사러 가자.

将来のために転職するなら、今のうちです。
장래를 위해서 이직할 거라면 바로 지금입니다.

何度も聞いているうちに歌のリズムと歌詞を覚えた。
몇 번이나 듣고 있는 동안에 노래 리듬과 가사를 외웠다.

✅ **체크** 若い(① うちに ② うえで)たくさんの経験を積んだ方がいい。

004

〜おきに　〜간격으로, 〜걸러서

접속 | 명사

시간이나 거리 등을 나타내는 말과 함께 사용되어 '〜걸러서, 〜간격으로'라는 의미로 사용된다. 「〜ごとに 〜まだ」와 비슷해 보이지만 다른 표현이므로 주의해야 한다. 예를 들어 「1年おきに」는 '1년 걸러, 1년 간격으로' 라는 의미이지만, 「一年ごとに」는 '1년마다'이므로 매년이라는 의미가 된다.

⊕ 플러스　〜おきに VS ごとに 063

ピアノの発表会は一年おきに行われる。
피아노 발표회는 1년 간격으로 실시된다.

道路には100メートルおきに電柱が設置されている。
도로에는 100미터 걸러 전봇대가 설치되어 있다.

この木はだいたい二日おきに水をやってください。
이 나무는 대략 이틀 간격으로 물을 주세요.

✓ 체크　この駅は５分(① おきに　② あいだに)電車が来るので便利です。

005

〜欠かせない/〜欠かさず　〜빠트릴 수 없다, 〜에 반드시 필요하다/〜빠트리지 않고

접속 | 명사

빠트릴 수 없는 매우 중요한 내용이라는 뜻이다. 「欠かす 빠트리다」→「欠かせる 빠트릴 수 있다」→「欠かせない 빠트릴 수 없다/欠かさず 빠트리지 않고」로 변형된 문형이다.

いまやインターネットは社会生活に欠かせないインフラです。
이제는 인터넷은 사회 생활에 반드시 필요한 인프라입니다.

5年以上一日も欠かさず朝ヨガをやっている。
5년 이상 하루도 빠트리지 않고 아침에 요가를 하고 있다.

美肌になるためにコラーゲンは欠かせない栄養成分だ。
고운 피부가 되기 위해서 콜라겐은 빠트릴 수 없는 영양 성분이다.

✓ 체크   生きていく＿＿＿ ＿＿＿ ★ ＿＿＿「水」です。

① もの   ② ために   ③ といえば   ④ 欠かせない

006

〜かける・〜かけだ   〜하다 말다

접속 | 동사의 ます형

어떤 동작을 하다 도중에 그만둔 상태가 계속 유지되고 있거나, 어떤 일이 아직 끝나지 않은 상태임을 말할 때 사용한다. 「〜かけの＋명사」의 형태로 명사를 수식한다.

忙しすぎて、週末、旅行に行くことを忘れかけていた。
너무 바빠서 주말에 여행 가는 것을 잊어버리고 있었다.

彼のためにセーターを編んでいたが、数週間編みかけのままになっている。
남자친구를 위해 스웨터를 짜고 있었지만 몇 주 동안 뜨다 만 상태로 내버려 두었다.

あきらめかけていた夢が叶う瞬間でした。
미처 포기하지 못했던 꿈이 이루어진 순간이었습니다.

✓ 체크   パソコンがフリーズして、(① 書きぬき ② 書きかけ)の文章が消えてしまった。

007

～かというと・～かといえば ～하는가 하면

접속 | 명사・동사・い형용사・な형용사의 보통형(명사・な형용사 だ)

(1) 앞의 내용으로부터 당연히 예상되는 결과가 실제로는 그렇지 않다는 의미이다.
(2) 「なぜ」나 「どうして」와 같은 의문사와 함께 쓰여 어떤 내용에 대한 이유・사정・원인을 설명할 때 사용한다.

「何かというと・何かといえば 툭하면, 기회만 되면 늘」, 「どちらかというと・どちらかといえば 어느 쪽인가 하면」과 같은 관용 표현도 자주 사용된다.

高い店がおいしいかというとそうではない所もたくさんある。(1)
비싼 가게가 맛있는가 하면 그렇지 않은 곳도 많이 있다.

会社で働くうえで何が大変かというと人間関係だ。(2)
회사에서 일하는 데 있어서 뭐가 힘드냐고 하면 인간관계이다.

日本出張はキャンセルになった。なぜかというと地震が起きたからだ。(2)
일본 출장은 취소되었다. 왜냐고 하면 지진이 일어났기 때문이다.

✓ 체크   頭のいい＿＿＿ ★ ＿＿＿ ＿＿＿、必ずしもそうではない。

① 人は   ② 成功する   ③ かといえば   ④ みんな

008

～かねる/～かねない ～하기 어렵다, ～하기 곤란하다/ ～할 수도 있다, ～하기 쉽다

접속 | 동사의 ます형

「～かねる」는 어쩔 수 없는 사정이 있어서 노력을 해도 그 동작을 하기 곤란하다는 뜻이다. 서비스업 등에서 손님들의 요구를 부드럽게 거절할 때 자주 쓰인다. 「～かねない」는 부정적인 일이 일어날 가능성이 크다는 의미이다.

電話でのお問い合わせは応じかねますので、ご了承ください。
전화 문의는 응하기 어렵기 때문에 양해해 주시기 바랍니다.

担当者が不在で、今すぐには判断しかねます。
담당자가 부재중이어서 지금 바로는 판단하기 어렵습니다.

残業が続くと、体調を崩しかねない。
잔업이 계속되면 컨디션이 무너지기 쉽다.

✓ 체크   今すぐには決め(① かねます ② かねません)ので、しばらくお待ちください。

009

～かのようだ (마치) ~인 듯하다

접속 | 명사(である)/な형용사의 어간(である)/동사·い형용사의 명사 수식형

실제로는 그렇지 않지만 마치 그런 것 같은 느낌을 받는다는 의미의 비유 표현이다. 「~ようだ」와 비슷한 의미이지만, 「~かのようだ」는 사실과 모순된다는 느낌을 강조하는 표현이다. 「まるで 마치」・「あたかも 흡사」와 같은 부사와 함께 사용되는 경우가 많다.

まるで真夏に戻ったかのように蒸し暑かった。
마치 한여름으로 돌아간 것처럼 무더웠다.

まるで自分には何の罪のないかのような顔をしている。
마치 자신에게는 아무런 죄도 없는 것 같은 얼굴을 하고 있다.

今日が最後であるかのように、近藤さんは毎日頑張っている。
오늘이 마지막이라는 듯이 곤도 씨는 매일 분발하고 있다.

✓ 체크   台風で強い風が_____ ★ _____ _____ 。
　　　① 飛ばされる   ② いて   ③ かのようだ   ④ 吹いて

010

～からすると・～からすれば/～からして ～로 보면/~로 봐서

■ 접속 | 명사

■ 유사 표현 | ～から言うと・～から見ると ～로 보면

어떤 입장에서 내용을 판단하고 평가할 때 그 근거를 나타내는 표현이다. 「表情(표정)」・「話し方(말투)」・「様子(모습・상태・태도)」등의 표현과 함께 자주 사용한다.

文法という点からすると、日本語と韓国語はすごく似ている。
문법이라는 점에서 보면 일본어와 한국어는 매우 닮았다.

彼の様子からすれば、あきらめる気は全然なさそうだ。
그의 태도로 보면 포기할 마음은 전혀 없는 것 같다.

上田部長の性格からして、簡単に許してくれるはずがない。
우에다 부장님의 성격으로 봐서 간단히 용서해 줄 리가 없어.

✓ 체크　現状(① からすれば　② からには)、その計画を実行に移すのは難しい。

011

～からこそ・～てこそ (바로) ~이기 때문에

■ 접속 | 명사・동사・い형용사・な형용사의 보통형

원인을 강조하는 표현으로, 제시하는 이유 외에 다른 이유는 없다는 의미이다. 「～からこそ ～のだ」의 형태로 자주 사용되며, 긍정적인 내용을 강조하는 경우가 많다.

大切な人がいてこそ、頑張って仕事をしているのです。
소중한 사람이 있기 때문에 열심히 일을 하고 있는 것입니다.

中身が分からない**からこそ**、よく話題になるのです。
속 내용을 알 수 없**으니까** 자주 화제가 되는 것입니다.

不況の時代である**からこそ**、ユニークな考え方が大事だ。
불황의 시대이기 **때문에 그래서 더욱** 독특한 사고 방식이 중요하다.

✓ 체크　期待していた（① かわりに　② からこそ）、すごくがっかりするのだ。

012

～きり　~인 채, ~한 채, ~했을 뿐

접속 | 동사의 た형

예상했던 어떤 일이 일어나지 않고 그 상태가 처음 그대로 계속 유지된다는 의미이다. 유지되고 있는 그 상태가 비정상적이라는 뉘앙스의 표현이며, 회화에서는「会ったっきり」・「これっきり」・「それっきり」・「あれっきり」와 같은 형태로 강조해서 사용하기도 한다.

寝た**きり**の老人のための介護施設が不足している。
거동할 수 없는 노인을 위한 요양 시설이 부족하다.

1年前に会った**きり**なのに、名前も顔も覚えている。
1년 전에 한 번 만났을 **뿐**인데 이름도 얼굴도 기억하고 있다.

座った**きり**の仕事は腰の痛みをひどくする。
앉아 있**기만** 하는 일은 허리의 통증을 심하게 한다.

✓ 체크　彼は「さようなら」も＿＿＿＿ ＿＿＿★＿＿ ＿＿＿＿ ＿＿＿＿、帰って来ない。

　　　　① 言わずに　　② きり　　③ 行った　　④ アメリカに

013

〜切る/〜切れる (끝까지) 〜하다/(끝까지) 〜할 수 있다

접속 | 동사의 ます형

(1) 어떤 동작을 끝까지 다 한다는 완료 표현이다. 부정형을 사용한 「〜きれない」는 어떤 사정으로 그 동작을 끝까지 할 수 없다는 의미이다.
(2) '너무 〜하다'라는 의미로 어떤 상태를 강조할 때 사용한다.

⊕ 플러스 〜切る/〜切れる VS 〜ぬく 140

ハーフマラソンは初めてだったけど、最後まで走り切った。(1)
하프 마라톤은 처음이었지만 마지막까지 달렸다.

仕事の量がこんなに多いと一晩では絶対やり切れない。(1)
업무의 양이 이렇게 많으면 하룻밤에는 절대로 다 할 수 없다.

彼は何かあったのか、困り切った顔をしている。(2)
그는 무슨 일이 있었는지 아주 곤란한 얼굴을 하고 있다.

✓ 체크 長年の夢だったので、簡単に(① あきらめかけない ② あきらめきれない)。

014

〜さえ〜ば 〜만 〜하면

접속 | 명사/동사의 ます형·て형/い형용사의 어간 く/な형용사의 어간 で+さえ 〜ば형

어떤 상황의 최소한의 조건을 말할 때 사용한다. 접속 형태가 다양하므로 주의해야 한다. い형용사는 「〜くさえ〜あれば」, な형용사는 「〜でさえ〜あれば」의 형태로 접속한다.

パスポートを忘れさえしなければ、出国できます。
여권을 잃어버리지만 않으면 출국할 수 있습니다.

子供は元気でさえあれば勉強なんかどうでもいいです。
아이는 건강하기만 하면 공부 같은 건 아무래도 상관없어요.

時間とお金さえあれば、半年くらい世界一周旅行がしたいです。
시간과 돈만 있으면 반년 정도 세계 일주 여행을 하고 싶습니다.

✓ 체크 漢字を覚え(① さえ ② すら)すれば、日本語の実力が伸びるのに。

015

～ざるを得ない ～하지 않을 수 없다, ～할 수밖에 없다

접속 | 동사의 ない형

유사 표현 | ～しかない ～할 수밖에 없다

어쩔 수 없는 상황이기 때문에 그 동작을 할 수밖에 없다는 의미이다. 「する」는 「～せざるを得ない」의 형태로 사용한다.

楽しみに待っていたんですが、旅行を延期せざるを得ない。
기대하면서 기다리고 있었는데 여행을 연기할 수밖에 없다.

電車を止めざるを得ないほどの強い台風だ。
전철을 세우지 않을 수 없을 정도의 강한 태풍이다.

原発はなくした方がいいと思うが、頼らざるを得ないのが現実だ。
원자력 발전소는 없애는 편이 좋다고 생각하지만 의지할 수밖에 없는 것이 현실이다.

✓ 체크 試合で負けた責任は＿＿＿ ＿＿＿ ★＿＿＿ ＿＿＿。

① あると   ② 監督に   ③ 得ない   ④ 言わざるを

워밍업

1 한국어 해석을 참고로 괄호 안에 들어갈 말로 알맞은 것을 고르세요.

1. ドラマを見ている(　　)この俳優のファンになった。
   드라마를 보고 있는 동안에 이 배우의 팬이 되었다.

2. 日本へは10年前に行った(　　)行っていない。
   일본에는 10년 전에 간 걸 끝으로 가지 않았다.

3. あなたと一緒にいる今が言葉では表現し(　　)ほど幸せだ。
   당신과 함께 있는 지금이 말로는 표현할 수 없을 정도로 행복하다.

4. 正社員に(　　)なれれば将来の心配もなくなるのに。
   정사원만 되면 장래 걱정도 없어질 텐데.

5. 高い店がおいしいかと(　　)必ずしもそうではない。
   비싼 가게가 맛있는가 하면 반드시 그렇지도 않다.

6. 学校の文化祭は１年(　　)開かれる。　학교 문화제(축제)는 1년 걸러 개최된다.

7. 子供を叱る(　　)体罰をしてはいけません。
   아이를 야단치는 데 있어서 체벌을 해서는 안 됩니다.

8. 観光客は増える(　　)なのにホテルは不足しています。
   관광객은 늘고만 있는데 호텔은 부족합니다.

9. お申し込み後のキャンセル、変更はお受けいたし(　　)。
   신청 후의 취소, 변경은 응하기 어렵습니다.

10. 毎日(　　)彼女に電話します。　매일 빠트리지 않고 그녀에게 전화합니다.

| ① かねます | ② 上で | ③ さえ | ④ きり | ⑤ 一方 |
| ⑥ 欠かさずに | ⑦ うちに | ⑧ いえば | ⑨ きれない | ⑩ おきに |

2 힌트를 참고로 괄호 안에 들어갈 알맞은 문형을 찾아 쓰세요.

11. 海外生活をする上（　）注意すべき点がいくつかあります。

12. 壊れかけだ（　）この洗濯機をまだ使っている。

13. バケツをひっくり返した（　）のような大雨だ。

14. 僕（　）すると、その態度は許せない。

15. 健康であって（　）の楽しい人生だ。

> **힌트**
> ① が　② で　③ を　④ か　⑤ に　⑥ の　⑦ こそ　⑧ べき　⑨ から　⑩ さえ

3 다음 문장을 잘 읽고 괄호 안에 들어갈 말로 알맞은 것을 고르세요.

16. 梅雨時なのに1か月前に（① 雨だった　② 雨が降った）きりだ。

17. フルマラソンを（① 走って　② 走り）きれて嬉しい。

18. 証拠が見付かったので、罪を（① 認め　② 認めて）ざるを得ない状況だ。

19. 日本語の勉強にこの問題集は（① 欠かさない　② 欠かせない）。

20. （① 知っている　② 知らない）うちに親戚の子が大きくなっていた。

◆ **정답**

1 ⑦　2 ④　3 ⑨　4 ③　5 ⑧　6 ⑩　7 ②　8 ⑤　9 ①　10 ⑥
11 ②　12 ①　13 ④　14 ⑨　15 ⑦　16 ②　17 ②　18 ①　19 ②　20 ②

합격 공략 | 실전 연습 01

問題7 次の文の（　　）に入れるのに最もよいものを、1・2・3・4から一つ選びなさい。

1 最近、日韓関係が（　　）、韓国人観光客がめっきり減った。
1　悪くなるうちに　　　　　　2　良くなったため
3　悪くなる一方で　　　　　　4　良くならざるを得ない

2 区画整理を（　　）、住民の同意が必要になる。
1　行う上で　　2　行うかけの　　3　行う末に　　4　行うあまり

3 朝、涼しい（　　）夏休みの宿題をしましょう。
1　時で　　　　2　中に　　　　3　間を　　　　4　うちに

4 「私は（　　）ジムに行って体を動かしています。」
「じゃあ、今日は水曜日ですから、次は金曜日に行かれるんですね。」
1　一日ごとに　　2　一日きりで　　3　一日おきに　　4　一日で

5 本校において若林先生（　　）存在です。
1　は欠かせない　　2　だからこその　　3　かといえば　　4　からして

6 （　　）バナナでケーキを作りました。
1　湿りかけの　　2　腐りかけの　　3　食べかけな　　4　やりかけな

7 仕入れ価格が上がったので、値上げを（　　）状況です。
1　せざるを得ない　　　　　　2　上げざるを得ない
3　行いざるを得ない　　　　　4　しざるを得ない

8 「この荷物を預かっていただけませんか。」
「申し訳ございませんが（　　）。」
1　しきれます　　2　しきれません　　3　できかねません　4　致しかねます

問題8　次の文の　★　に入る最もよいものを、1・2・3・4から一つ選びなさい。

9　石田君は＿＿＿　★　＿＿＿　＿＿＿が、実はうちで勉強しているらしい。

1　のような　　　2　取っている　　　3　勉強していないか　　　4　態度を

10　あの人は＿＿＿　＿＿＿　★　＿＿＿よね。

1　見た目　　　2　悪そうです　　　3　からして　　　4　頭が

11　こんな＿＿＿　★　＿＿＿　＿＿＿熱い物を食べるべきなんですよ。

1　ではなく　　　2　暑い日　　　3　だからこそ　　　4　冷たい物

12　うちの子は＿＿＿　＿＿＿　★　＿＿＿も帰って来ない。

1　きり　　　2　家出した　　　3　２０年　　　4　高校生の時に

13　最近、残業が＿＿＿　＿＿＿　★　＿＿＿でしたよ。

1　疲れきった　　　2　様子　　　3　多いらしく　　　4　山田さんは

14　銀行がお金＿＿＿　＿＿＿　★　＿＿＿のですが。

1　さえ　　　2　続けられる　　　3　貸してくれれば　　　4　会社の経営が

15　「週末は休みたいんですが、上司に＿＿＿　＿＿＿　★　＿＿＿んですよ。」
　　「それは大変ですね。」

1　鹿児島へ　　　2　出張に行け　　　3　行かざるを得ない　　　4　と言われたから

16　成功した人は何が＿＿＿　★　＿＿＿　＿＿＿しているということです。

1　情報収集　　　2　違う　　　3　欠かさずに　　　4　かというと

합격 공략 | 실전 연습 01

問題9 次の文章を読んで、文章全体の内容を考えて 17 から 21 の中に入る最もよいものを、1・2・3・4から一つ選びなさい。

　仕事で使う通信機器といっても、私は携帯電話を持っていないので、固定電話兼ファクスと、パソコンくらいしかないのだが、選ぶ基準はどれが評判がいいかである。店に行く時間があったら、誠実で正直そうな店員さんに聞いて購入するけれど、だいたいは通販サイトの評判をチェックして購入する。

　せっかく設定した機器が壊れ、購入しなければならなくなる場合、まったく違うメーカーのものだと、操作、設定を新たに覚えるのが面倒になる。なので 17 同じものを購入したいのだが、新製品が出るサイクルは速くなる一方で、ファクスも同じ商品を買えたことはない。なので同じメーカーの後発モデルを購入し続けている。

　同じメーカーのなかで評判のいいものを三機種選択する。そのなかから選ぶ基準は 18 価格のものだ。安いとちょっと不安だし、高いとそこまで出さなくてもと思う。もしも同じメーカーのものがなかったら、他のサイトをチェックして、あればそこで購入する。

　設定はすべて自分でやる。理系の理論的なことはまったくわからないが、あっちこっちいじくり（注）まわして、線を 19 、何とか音は出るものだし、電気が通じて使えるようになるものなのである。ただし呼び出し音やら留守電機能やら、マニュアルを見ながら、私の使い勝手がいいように設定するのは、毎回、大変ではある。

　実は丸六年間使っていたパソコンの 20 、同メーカーの別モデルを購入した。現在のデータを全部、新しいパソコンに移行できるかが、いちばんの心配である。一応外付けハードディスクもあり、ディスク、USBにも保存はしておいた。データ移行の操作の手順はチェックし、プリントアウト済みなので、何とかなるのではと思っているが、何とかならなかったら仕方がない。もし失敗したとしても、新しいパソコンで仕事が 21 いいくらいに、考えるようにしている。

出典：群ようこ『ほどほど快適生活百科』　一部改変

（注）いじくる：「いじる」の俗な言い方で、あれこれ手を加えたり、操作したりするという意味。

17
1 あらゆる　　　2 やっと　　　3 なるべく　　　4 むしろ

18
1 真(ま)ん中(なか)の　　　2 他(ほか)の　　　3 一番安(いちばんやす)い　　　4 値下(ねさ)げされた

19
1 つながっているうちに　　　2 つなげているうちに
3 つながらないうちに　　　4 つながるうちに

20
1 性能(せいのう)が良くなったので　　　2 ネット接続(せつぞく)がいいから
3 売(う)り上(あ)げがあるため　　　4 調子(ちょうし)が悪くなってきて

21
1 できなければ　　　2 できさえすれば
3 うまくいかなければ　　　4 うまくいったとすれば

합격 공략 | 최우선순위 문형 2

016
～次第(しだい)　～하자마자, ～하는 대로, ～하면 바로

● 접속 | 동사의 ます형

⊕ 플러스　ます형+次第 VS ～次第だ/～次第では(N1)

어떤 일이 발생하면 바로 이어서 그 동작을 하겠다는 의지를 나타내는 표현이다. 「～次第だ ～달려 있다」·「～次第では ～에 따라서는」과 혼동하기 쉬우므로 조심해야 한다. 예 飛行機が飛ぶかどうかは風次第だ。비행기가 뜰지 여부는 바람에 달려 있다.

用意(ようい)した商品(しょうひん)がなくなり次第(しだい)セールは終了(しゅうりょう)といたします。
준비한 상품이 없어지는 대로 세일은 종료하겠습니다.

抽選(ちゅうせん)の結果(けっか)が発表(はっぴょう)され次第(しだい)お知らせします。
추첨 결과가 발표되는 대로 알려 드리겠습니다.

詳(くわ)しい内容(ないよう)が決まり次第(しだい)、メールにてご連絡(れんらく)します。
자세한 내용이 정해지는 대로 메일로 연락 드리겠습니다.

✓ 체크　まとまったお金が(① 入り　② 入る)次第(しだい)、口座(こうざ)に入金(にゅうきん)しておこう。

017
～末(すえ)(に)　～한 끝에

● 접속 | 명사の/동사의 た형
● 유사표현 | ～あげく ～한 끝에

힘든 과정을 거치거나 노력한 끝에 어떤 결론에 이르렀음을 말할 때 사용하는 표현이다.

悩(なや)んだ末(すえ)に、私はこの会社(かいしゃ)に残(のこ)ることにしました。
고민한 끝에 나는 이 회사에 남기로 했습니다.

受験をやめたのは、家族と何回も話し合った末の結論だ。
대학 시험을 포기한 것은 가족과 몇 번이나 의논한 끝에 내린 결론이다.

考えに考えを重ねた末に、離婚を決めた。
생각에 생각을 거듭한 끝에 이혼을 결정했다.

✓ 체크 長年にわたる研究の(① 上に ② 末に)開発されたハイブリッド車です。

018

～たところ ~했더니

접속 | 동사의 た형

어떤 동작의 결과로 예상 밖의 일이 일어나거나 새로운 사실을 발견했다는 의미이다. 뒤 문장에 의지 표현은 오지 않는다. 「～たところが」의 형태로 기대와는 다른 결과를 표현할 때도 사용한다. 예 家にいると思ってたずねたところが、誰もいなかった。 집에 있을 거라 생각하고 방문했지만 아무도 없었다.

➕ 플러스 ～たところ VS ～たところで 115

修理をお願いしたところ、部品がなくて修理できないらしい。
수리를 부탁했더니 부품이 없어서 수리할 수 없다는 것 같다.

先生に聞いたところ、テストの結果は来週出るそうだ。
선생님에게 물었더니 시험 결과는 다음 주에 나온다고 한다.

昨日買ってきた食品を食べたところ、食中毒を起こした。
어제 사온 식품을 먹었더니 식중독을 일으켰다.

✓ 체크 ネットで調べてみた(① ところ ② こと)、今月はもう満室だった。

019

～たら～で ~하면 ~하는 대로

접속 | 동사·い형용사의 た형 +たら ～た형+で

같은 단어를 두 번 반복 사용하여 대조적인 상황을 제시하고 그 두 상황 모두 큰 차이가 없다고 말하거나 또는 한쪽의 상황이 더 좋거나 나쁠 수도 있다고 하는 의미를 나타낸다. 회화체에서 자주 사용되는 표현이다. 「～ば～で」의 형태로도 사용한다.

何かに失敗したら失敗したでそれなりに意味のある経験になる。
무언가에 실패하면 실패하는 대로 그 나름대로 의미가 있는 경험이 된다.

お金ってあればいいものだが、なかったらなかったで何とかなる。
돈이라는 것은 있으면 좋지만 없으면 없는 대로 어떻게든 된다.

車の多い都会では、車があったらあったで邪魔になる。
차가 많은 도심지에서는 차가 있으면 있는 대로 방해가 된다.

✓ **체크** 進学校は競争が＿＿＿＿ ＿＿＿＿ ＿★＿ ＿＿＿＿と思う。
① 苦労する ② 入ったら ③ 激しくて ④ 入ったで

020

～ついでに ~하는 김에, ~겸해서

접속 | 명사 の/동사의 사전형·た형
유사표현 | ～を兼ねて ~을 겸해서

어떤 동작을 하는 그 기회를 이용해서 다른 동작도 함께한다는 의미이다. 앞부분에서는 원래 예정된 동작을 설명하고 뒷부분에서 추가적으로 행하는 동작을 설명한다.

美容院でパーマをかけるついでに、カットまでしてもらった。
미용실에서 파마를 하는 김에 커트까지 했다.

買い物をするついでによく立ち寄ってコーヒーを飲んだりする。
쇼핑을 하는 김에 자주 들러서 커피를 마시기도 한다.

出張のついでに、札幌に住んでいる親戚に会ってきた。
출장 겸해서 삿포로에 사는 친척을 만나고 왔다.

✅ 체크 博物館に行く(① ついでに ② つもりに)、隣にある美術館まで見てきた。

021

～つつある ～하고 있다, ~하는 중이다

접속 | 동사의 ます형

어떤 변화가 지금도 계속해서 진행되고 있다고 말할 때 사용하는 문장체 표현이다.

時代の流れとともに、人の価値観も変わりつつある。
시대의 흐름과 함께 사람들의 가치관도 변하고 있다.

温暖化の影響で北極の氷河は解けつつある。
온난화의 영향으로 북극의 빙하는 계속 녹고 있다.

健康のために自転車で通勤している人が増えつつある。
건강을 위해서 자전거로 통근하고 있는 사람이 계속 늘고 있다.

✅ 체크 この辺は最近＿＿＿ ＿＿＿ ★＿＿＿ ＿＿＿。
① 注目され　② つつある　③ 新しい　④ 観光地として

022

～てしょうがない・～てしかたがない・
～てたまらない ～해서 어쩔 줄 모르다, ~해서 견딜 수 없다, 너무 ~하다

접속 | 동사・い형용사・な형용사의 て형

말하는 사람의 감정이나 욕구 등이 너무 강해서 견디기 힘들다는 의미이다. 단, 말하는 사람 자신의 감정에만 사용할 수 있으므로 주어가 3인칭인 경우에는 「～らしい」・「～ようだ」・「～のだ」 등의 표현과 함께 사용한다. 예 彼はうれしくてしょうがないようだ。 그는 기뻐서 어쩔 줄 모르는 것 같다.

手の汚れが気になってしょうがないのも病気なんですよ。
손의 더러움이 지나치게 신경 쓰이는 것도 병이에요.

買ったばかりのかばんに傷ができてしまい、残念でたまらない。
산 지 얼마 안 된 가방에 흠집이 생겨서 너무 안타깝다.

長く一緒だった犬のビビちゃんに死なれて、悲しくてしょうがなかった。
오랫동안 함께 지낸 강아지 비비가 죽어, 슬퍼서 어찌할 바를 몰랐다.

✓ 체크　一日中辛いものばかり食べたから、のどが渇いて（① たまらない　② たりない）。

023

～てはじめて ～하고 나서야 비로소

접속 | 동사의 て형

어떤 변화를 겪고 나서야 비로소 그것의 소중함, 어려움 등을 알게 되었다는 의미이며, 한자 표기는 「～て初めて」이다. 기대하던 일을 처음으로 했다고 말할 때도 사용한다. 예 生まれて初めて海外旅行をした。 태어나서 처음으로 해외여행을 했다.

外国語を勉強してはじめてハングルのすばらしさが分かった。
외국어 공부를 하고 나서야 비로소 한글의 우수함을 알게 되었다.

相手に対する信頼があってはじめて結婚する気になると思う。
상대방에 대한 신뢰가 있고 나서야 비로소 결혼할 마음이 든다고 생각한다.

人は何かを失ってはじめてその大切さに気付くものだ。
사람은 무언가를 잃고 나서야 비로소 그 소중함을 깨닫게 되는 법이다.

✓ 체크　会社を(① やめた　② やめて)はじめて人生を楽しむことができた。

024

～といった ～라는, ～라고 하는, ～와 같은 (예시, 열거)

접속 | 명사

여러 가지 예를 나열할 때 사용한다. 제시하는 내용이 전부가 아니라 그 밖에 다른 예도 있다는 의미이다. 「～とか ～とか ～らんじ ～らんじ」와 같은 의미이다.

寿司とか刺身といった日本料理が大好きです。
초밥이나 회 같은 일본 요리를 아주 좋아합니다.

彼の思いやり、優しさといったものをいつも感じます。
그의 배려, 다정함 같은 것을 항상 느낍니다.

少なくとも学校では性別や国籍といった差別をなくしたい。
적어도 학교에서는 성별이나 국적 같은 차별을 없애고 싶다.

✓ 체크　私は洗濯や掃除(① といった　② とした)家事は苦手です。

025

～としたら・～とすれば・～とすると ～라고 한다면

접속 | 명사・동사・い형용사・な형용사의 보통형

실제로는 그렇지 않지만 어떤 일이 일어나는 상황을 가정해서 말할 때 사용한다. 주로 실현 불가능하거나 실현 가능성이 희박한 일에 대해서 말할 때 사용된다.

健康や体重を気にしなくてもいい**としたら**、肉ばかり食べたい。
건강이랑 체중을 신경 쓰지 않아도 된다고 하면 고기만 먹고 싶다.

今日が人生最後の日だ**とすれば**、何がやりたいですか。
오늘이 인생 마지막 날이라고 하면 무엇을 하고 싶습니까?

これを逃す**とすると**、もう二度とチャンスは来ないかもしれない。
이것을 놓친다고 하면 이제 두 번 다시 기회는 오지 않을 수도 있다.

✓ 체크   生まれ変わる(① としたら ② といっても)、どこで生まれたいですか。

026

～とする ～로 하다, ～로 생각하다/～로 치다, ～로 여기다

접속 | 명사/동사의 사전형

(1) 말하는 사람의 의지로 어떤 대상을 특정한 입장, 상태로 만들거나 생각한다는 의미이다.
(2) 어떤 상황을 가정하여 말할 때 사용한다.

ルールを違反した学生は１週間の停学処分**とする**。⑴
규칙을 위반한 학생은 일주일 정학 처분으로 한다.

あの夫婦は人生を旅として生きているそうだ。⑴
저 부부는 인생을 여행으로 생각하고 살고 있다고 한다.

振り込め詐欺にあったとしよう。まず何をしなければならないのか？⑵
보이스 피싱 사기를 당했다고 치자. 우선 무엇을 해야 하는 것일까?

✅ 체크　合宿している間、起床時間は7時(①　で　②　と)します。

027
～と思われる/～とは思えない
～라고 생각되다/～라고는 생각되지 않는다

접속 | 명사・동사・い형용사・な형용사의 보통형

어떤 내용에 대한 생각이나 느낌을 말할 때 사용한다. 「～としか思えない ～라고밖에 생각되지 않는다」 등의 형태로 활용하여 사용하기도 한다.

今度の捜査で真実が明らかになると思われる。
이번 수사로 진실이 밝혀질 것이라고 생각된다.

とても専門家が書いたとは思えないでたらめな内容だった。
도저히 전문가가 썼다고는 생각되지 않는 엉터리 내용이었다.

今回の首相の判断はばかばかしいとしか思えない。
이번 수상의 판단은 어리석다고밖에 생각되지 않는다.

✅ 체크　この記録からして＿＿＿　＿＿＿　★＿＿＿　＿＿＿。

①　できないと　②　オリンピックには　③　思われる　④　出場

028

〜ながら(も/に) ~하면서(도), ~이면서(도)

> 접속 | 명사/동사의 ます형/い형용사의 사전형/な형용사의 어간

역접 표현으로, 앞과 뒤의 내용이 서로 모순된다는 의미이다.「〜が」·「〜のに」·「〜けど」등의 역접 표현으로 바꿔 쓸 수 있다.

人の答案を見てはいけないと思いながらも、つい見てしまった。
남의 답안을 보면 안 된다고 생각하면서도 결국 봐 버렸다.

彼は足が不自由ながらも、強い意志で金メダルを取った。
그는 다리가 불편하지만 강한 의지로 금메달을 땄다.

あのブランドはシンプルながらも、どこかユニークな魅力がある。
그 브랜드는 심플하지만 어딘가 독특한 매력이 있다.

> ✓ 체크   子供(① ながらに ② のままで)しっかりとした考えを持っている。

029

〜において ~에서, ~에 있어서

> 접속 | 명사

특정한 상황이나 장소·시간·장면·상황 등을 나타내며, 대부분 조사「で」의 의미로 해석할 수 있다.「〜おいての/〜における+명사 (〜에 있어서의)」의 형태로 명사를 수식한다.

空港サービス調査において、5年連続世界一位となった。
공항 서비스 조사에서 5년 연속 세계 1위를 했다.

人生において海外経験はあった方がいいと思う。
인생에 있어서 해외 경험은 있는 편이 좋다고 생각한다.

環境問題は現代社会においての大きな問題だ。
환경 문제는 현대 사회에 있어서의 큰 문제이다.

✓ 체크 終業式は＿＿＿ ＿＿＿ ★ ＿＿＿予定です。
　　　① 講堂に　　② 行われる　　③ おいて　　④ 5階の

030

～に応じて ～에 따라서, ~에 맞게

접속 | 명사

동사「応じる 응하다, 따르다, 어울리다」를 활용한 문형이다. 앞의 내용에 어울리게 뒤의 내용도 같이 변화한다는 의미이며, 요구·희망·기대 등에 부응한다는 뜻도 있다. 「に応じた+명사 (~에 맞는)」 형태로 명사를 수식한다.

年間のご利用実績に応じてポイントが貯まります。
연간 이용 실적에 따라서 포인트가 쌓입니다.

国は国民の希望に応じて老人ホームを増やすことにした。
나라는 국민의 희망에 부응하여 양로 시설을 늘리기로 했다.

お客さんの予算に応じた旅行プランをご提示します。
고객의 예산에 맞는 여행 플랜을 제시해 드립니다.

✓ 체크 画面の＿＿＿ ★ ＿＿＿ ＿＿＿変わります。
　　　① 応じて　　② 明るさは　　③ 周りの　　④ 状況に

워밍업

1 한국어 해석을 참고로 괄호 안에 들어갈 말로 알맞은 것을 고르세요.

1. 野村さんの連絡先が分かり(　　)、お知らせします。
   노무라 씨의 연락처를 알게 되는 대로 알려 드리겠습니다.

2. 欧米の金融不安のあおりを東アジアも受け(　　)。
   유럽 금융 불안의 여파가 동아시아에도 미치고 있다.

3. さっきから背中がかゆくて(　　)の。　아까부터 등이 가려워서 견딜 수 없어.

4. 赤ちゃんを産んで(　　)母の気持ちが分かった。
   아기를 낳고 나서야 비로소 엄마의 기분을 이해했다.

5. 家庭に(　　)も、日ごろから地震に備えておく必要がある。
   가정에 있어서도 평소부터 지진에 대비해 둘 필요가 있다.

6. 利用額に(　　)ポイントを付与します。　이용액에 따라 포인트를 부여합니다.

7. 新幹線の指定席を予約しようとした(　　)、満席だった。
   신칸센 지정석을 예약하려고 했더니 만석이었다.

8. 貧しい(　　)楽しい我が家です。　가난하지만 즐거운 우리 집입니다.

9. 今までのことはなかったこと(　　)。　지금까지의 일은 없었던 것으로 한다.

10. 宝くじで7億円が当たった(　　)、何がしたいですか。
    복권으로 7억 엔이 당첨되었다고 하면 무엇을 하고 싶습니까?

---

① ながらも　② はじめて　③ しょうがない　④ としたら　⑤ 次第
⑥ とする　⑦ おいて　⑧ 応じて　⑨ つつある　⑩ ところ

2 힌트를 참고로 괄호 안에 들어갈 알맞은 문형을 찾아 쓰세요.

11. お金はなかったらなかった（　）何とかなるものだよ。

12. 長い議論の末（　）この答えにたどり着いた。

13. メンバーには大野、松本（　）いった人がいる。

14. 冷蔵庫を直すついで（　）テレビも修理してもらった。

15. 彼が嘘をつく（　）は思えないよ。

> 힌트
> ① で　② が　③ ば　④ か　⑤ も　⑥ を　⑦ は　⑧ に　⑨ と　⑩ て

3 다음 문장을 잘 읽고 괄호 안에 들어갈 말로 알맞은 것을 고르세요.

16. 名古屋大学に落ちて（① 残念な　② 残念で）たまらない。

17. 彼が高校生（① だと　② で）すれば、本当に老けて見える。

18. シドニーの夏は暑い（① ながらも　② つつ）湿気がなくて過ごしやすかった。

19. 過去に（① おける　② 応じて）失敗を顧みる。

20. 売り上げに（① おいて　② 応じて）社員のボーナスを加減する。

◆ 정답

1 ⑤　**2** ⑨　**3** ③　**4** ②　**5** ⑦　**6** ⑧　**7** ⑩　**8** ①　**9** ⑥　**10** ④
11 ①　**12** ⑧　**13** ⑨　**14** ⑧　**15** ⑨　**16** ②　**17** ①　**18** ①　**19** ①　**20** ②

합격 공략 | 실전 연습 02

問題7 次の文の（　　　）に入れるのに最もよいものを、1・2・3・4から一つ選びなさい。

1 台風で欠航中の飛行機は、（　　）運航を再開します。
　1　天気が良くなっても　　　　2　天気が悪くなったため
　3　天候が悪化したついでに　　4　天候が回復し次第

2 彼女に（　　）ので、新幹線に乗って東京まで会いに行きました。
　1　会いたかった末な　　　　2　会いたくて仕方がなかった
　3　会いたいとした　　　　　4　会いたいとは思えない

3 東京で東日本大震災と同じ規模の地震が（　　）、被害を想定してみる。
　1　起こったとして　2　あるので　3　ありつつあるので　4　起きるうちに

4 「空模様が怪しくなってきましたね。」
　「雨が（　　）ので早く下山しましょう。」
　1　降った　　2　降るとは思えない　3　降ると思われる　4　降ったそうな

5 あの子は（　　）性格が悪いですね。
　1　きれいながらも　2　きれいからして　3　きれいとしたら　4　きれいなうちに

6 「お子さんと北海道旅行に行ったんですってね。」
　「前から行きたがっていたんですが、（　　）寒過ぎるとか、文句ばかり言っていたんですよ。」
　1　行くと行ったで　2　行ったら行ったで　3　行ったら行くので　4　行けば行くので

7 「買い物（　　）タバコを買ってきてくれ。」
　「嫌よ。自分で買ってきなさいよ。」
　1　において　　2　してはじめて　　3　の末に　　4　のついでに

8 旅行で知り合った女の子からの連絡をずっと待っているが、これだけ待っても（　　）、初めから会う気はなかったのだろう。
　1　来たついでに　　　　　　2　来てはじめて
　3　来るかもしれないので　　4　来ないとすれば

問題8　次の文の　★　に入る最もよいものを、1・2・3・4から一つ選びなさい。

9　社会人に_____ _____ ★ _____した。
　　1　お金を稼ぐことの　　　　2　なってはじめて
　　3　大変さを　　　　　　　　4　実感

10　これは毎日の_____ _____ ★ _____なんですよ。
　　1　完成した　　　　　　　　2　やっと
　　3　ガンダムのプラモデル　　4　苦心の末に

11　若者が都会に_____ ★ _____ _____ある。
　　1　出て行っているため　　　2　進みつつ
　　3　過疎化は　　　　　　　　4　この地域の

12　彼女は、君のことを_____ ★ _____ _____なんだよ。
　　1　言いながら　　2　本当は　　3　嫌いだと　　4　大好き

13　経営学の知識_____ _____ ★ _____と思われます。
　　1　いない　　2　において　　3　右に出る者は　　4　彼の

14　環境省の_____ ★ _____ _____減らせるとのことです。
　　1　ちょっとした工夫で　　　2　聞いたところ
　　3　職員に　　　　　　　　　4　ごみは

15　物価の_____ _____ ★ _____を行います。
　　1　日本銀行は　　2　応じて　　3　金融政策　　4　変動に

16　岡本さんは_____ ★ _____ _____うらやましがられています。
　　1　とても80歳　　　　　　　2　周りのお年寄りから
　　3　とは思えないくらい　　　4　元気で

합격 공략 | 실전 연습 02

問題9 次の文章を読んで、文章全体の内容を考えて 17 から 21 の中に入る最もよいものを、1・2・3・4から一つ選びなさい。

　先日、米国から広島に千羽鶴が送られてきていることを知りました。広島県出身者をルーツに持つ日系人から 17 、そうではなく、2歳で被爆しその後白血病で亡くなった原爆の子の像のモデルである佐々木禎子さんの話を教科書や副読本で読んだ普通の米国人が声をかけ合い、鶴を折って送ってくれているとのことでした。

　私が40年ほど前に米国の大学で受けた近代史の授業の教科書には「原爆 18 死者は東京大空襲 18 死者より少なかった。」などと原爆使用の正当化を訴える説明だけしかなく、驚いた覚えがあります。私は級友や他国から来た留学生に、原爆の熱線を浴びて亡くなった人の形が黒く残った人影の石や、生き残った人々やその子孫が長く病に苦しんだことを明しましたが、 19 信じてもらえない状況でした。 20 を考えると原爆の被害の認識が米国人の間にも広がったのかなとも感じました。

　米国や旧ソ連による中距離核戦力全廃条約が2019年8月に失効しました。核軍縮が 21 現代ですが、核兵器の悲惨さが世界中の人々に広まり続け、千羽鶴の行き先がこれ以上増えないことを、祈り続けたいと思います。

出典：朝日新聞『声』　一部改変

17
1 もらったのかなと思い次第　　2 くれたのかというと
3 届いたのかと思ったら　　　　4 送ったと考えましたが

18
1 による　　2 からこそ　　3 のついでに　　4 といった

19
1 やっと　　2 予め　　3 なかなか　　4 但し

20
1 こうして　　2 それ　　3 どのように　　4 ああいうの

21
1 停滞しつつある　　　　2 停滞しかねない
3 停滞してたまらない　　4 停滞した一方の

합격 공략 | 최우선순위 문형 3

031

～によって・～により / ～による

～에 의해, ～에 따라 / ～에 의한, ～에 따른

● 접속 | 명사

(1) 원인·이유·근거·결과·동작주를 나타내거나 수단이나 방법을 표현한다.
(2) 앞 문장의 내용에 따라 뒤에 오는 내용이 달라진다는 의미도 있다.
(3) 수동문의 동작 주체가 유명인, 사물, 또는 특정할 수 없는 경우에「～に」를 대신하여 사용한다. 예 この絵はピカソによって描かれた。이 그림은 피카소에 의해 그려졌다.
동사「よる 의하다, 기인하다, 따르다」를 활용한 문형이다.

津波による浸水でたくさんの被害を受けた。⑴
쓰나미에 의한 침수로 많은 피해를 입었다.

失敗の原因を調べることによって次のステップに進める。⑴
실패의 원인을 조사하는 것에 따라서 다음 단계로 나아갈 수 있다.

当日の状況によっては全員参加できない場合もある。⑵
당일의 상황에 따라서는 전원 참가할 수 없는 경우도 있다.

✔ 체크 お問い合わせの _____ ★ _____ _____ ございます。
　　　① 場合が　　② 内容に　　③ 対応しかねる　　④ よっては

032

～にかけては   ～에 있어서는, ～관한 한

● 접속 | 명사

어떤 분야에 관해서는 그 사람보다 뛰어난 사람이 없다는 의미이다.「～にかけての＋명사 (～에 있어서의)」의 형태로 명사를 수식한다. 예 絵にかけての才能 그림에 있어서의 재능

料理にかけては彼は一流だ。 요리에 관해서는 그는 일류이다.

サッカーの知識にかけては誰にも負けないと思う。
축구 지식에 관한 한 누구에게도 지지 않는다고 생각한다.

人を説得することにかけては吉田さんにかなう者はいない。
사람을 설득하는 일에 있어서는 요시다 씨에게 대적할 사람은 없다.

✅ 체크　話術(① については　② にかけては)、星野さんが一番だ。

033

～にしろ・～にせよ・～にしても ～라 하더라도, ~한다 해도

접속 | 명사(である)/동사・い형용사의 보통형

앞에서 제시한 내용을 일단 수긍하고 그에 대한 자신의 주장・생각・판단・비난 등을 말할 때 사용한다. 「たとえ 설령」・「いくら 아무리」・「仮に 가령」 등의 표현과 함께 쓰일 때가 많다. 두 가지 대상을 나열해서 예를 드는 용법도 있으며 '~하든, ~하든'으로 해석하면 된다.

誰が市長に当選するにせよ、市民はあまり興味がないようだ。
누가 시장에 당선된다 해도 시민은 별로 흥미가 없는 것 같다.

いずれにしても結果は大きく変わらないと思う。
어느 쪽이라고 해도 결과는 크게 변하지 않을 것이라 생각한다.

成功するにしろ失敗するにしろやるだけやってみるのが大事だ。
성공을 하든 실패를 하든 할 수 있을 만큼 해 보는 것이 중요하다.

✅ 체크　性格が_____ ★ _____ _____ 仕事をするのは大変だ。
　　① いい　　　② 人と　　　③ 能力のない　　④ にせよ

034

～にすぎない/～でしかない　～에 지나지 않는다, ~에 불과하다

● 접속 | 명사(である)/な형용사의 어간(である)/동사・い형용사의 보통형

어떤 것이 그다지 중요한 내용이 아니라는 것을 강조하는 표현이다. 본인에 대해 말하면 겸손한 느낌을 주지만, 타인에 대해 말하면 비판이나 낮은 평가를 의미한다. 동사 「過ぎる 지나다, 넘다」를 활용한 문형이며, 명사는 「～でしかない」를 사용해도 된다.

申し込みをした人の中から、選ばれるのはごく一部にすぎない。
신청을 한 사람 중에서 뽑히는 건 극히 일부에 지나지 않는다.

人口5万人でしかない小さな村に毎年20万人の観光客がやってくる。
인구 5만 명에 불과한 작은 마을에 매년 20만 명의 관광객이 찾아온다.

思いつくまま書いたにすぎないから、ざっと見ておいてください。
생각나는 대로 적은 것에 불과하므로 가볍게 봐 둬 주세요.

● 체크　英語の勉強は夢をかなえるための一歩(① にすぎない　② しかない)。

035

～に上る・～に達する　～에 이르다, ~에 달하다

● 접속 | 명사

동사 「上る 오르다, 달하다, 올라가다」, 「達する 이르다, 도달하다」를 활용한 문형으로, 높다고 생각되는 어떤 상태에 도달한다는 의미이다.

映画アラジンは公開一週間で観客数が100万人に達しました。
영화 알라딘은 개봉 일주일 만에 관객수가 100만 명에 달했습니다.

携帯やスマホを持っている小学生が70パーセントにのぼるそうだ。
휴대폰이나 스마트폰을 가지고 있는 초등학생이 70%에 달한다고 한다.

台風で被害を受けた人が何千人にのぼるかもまだ分かっていない。
태풍으로 피해를 입은 사람이 몇 천 명에 이르는지도 아직 모른다.

✓ 체크　期末テストで正解率80％(① にわたった　② にたっした)人が3人しかいない。

036

～にもかかわらず　～임에도 불구하고, ～인데도

접속 | 명사 · 동사 · い형용사 · な형용사의 보통형(명사 · な형용사의 현재형 だ)

유사표현 | ～もかまわず　～도 개의치 않고, ～도 신경 쓰지 않고

앞에서 제시한 내용으로 예상되는 결과가 실제로는 그렇지 않다는 의미이다. 그 결과에 대해 말하는 사람의 놀람·불만·의외·비난 등의 기분을 나타내는 표현이다.

近くに有名な店があるにもかかわらず、ずっと気付いていなかった。
근처에 유명한 가게가 있는데도 계속 모르고 있었다.

突然の訪問にもかかわらず、先生はあたたかく迎えてくださいました。
갑자기 방문했는데도 선생님은 따뜻하게 맞아 주셨습니다.

高校生であるにもかかわらず、ウィンブルドンで優勝を果たした。
고등학생임에도 불구하고 윔블던에서 우승을 달성했다.

✓ 체크　怪我をした(① にもかかわらず　② にあたらず)、銀メダルを取った。

037

～のではないか・～ではないか　～이 아닐까 (확인, 추측)

● 접속 | 명사 · 동사 · い형용사 · な형용사의 명사수식형 (명사な 접속)

자신의 의견이나 생각 등을 직접적으로 단언하지 않고 돌려 말할 때 사용하며, 상대방에게 직접적인 대답을 요구하는 것은 아니지만 자신이 이야기한 내용에 대해 의문을 던지는 듯한 뉘앙스의 표현이다. 명사와 な형용사는 「(な)の」를 접속하지 않고 바로 「ではない(だろう)か」를 접속하여 사용할 수 있다. 예 もしかしてうそではないだろうか。어쩌면 거짓말인 것은 아닐까? 「～のではないかと思う(～인 것은 아닐까라고 생각한다)」・「～のではないでしょうか(～인 것은 아닐까요?)」와 같은 다양한 형태로 활용한다.

最近の発言はアジア諸国との関係を悪化させているのではないか。
최근의 발언은 아시아 여러 나라와의 관계를 악화시키고 있는 것은 아닐까?

品質があまりよくないのに、この値段は高いのではないか。
품질이 별로 좋지 않은데 이 가격은 비싼 것은 아닐까?

この契約書の条件は我々に不利ではないだろうか。
이 계약서의 조건은 우리에게 불리한 것은 아닐까?

✓ 체크　彼の話はうますぎて、＿＿＿＿ ＿＿＿＿ ★ ＿＿＿＿。
　　　① と思われる　　② のではないか　　③ びっくりしてしまう　　④ 詐欺師も

038

～はずだ/～はずがない　분명 ～일 것이다, ～임이 틀림없다 / ～일 리가 없다

● 접속 | 명사 · 동사 · い형용사 · な형용사의 명사 수식형
● 유사표현 | ～わけがない　～일 리가 없다, ～할 리가 없다

(1) 어떠한 근거나 상황을 바탕으로 말하는 사람이 강하게 확신할 때 사용하는 표현이다. 부정 형태인 「～はずがない」는 어떠한 근거로 그럴 가능성이 전혀 없다고 강하게 부정할 때 사용하는 표현이다.

(2) 의심스럽게 생각했던 내용에 대하여 납득할 때도 사용한다. 「どうりで ~はずだ 어쩐지 ~ 하더라」의 형태로 자주 사용한다.
(3) 당연하다고 생각했던 일이 실제로 그렇지 않다는 유감이나 후회의 기분을 나타낸다. 「~はずだった/~たはずだ」의 형태로 자주 사용한다.
(4) 제3자의 예정을 말할 때도 사용한다. 예 彼は今年、国へ帰るはずだ。 그는 올해 고국에 돌아갈 것이다.

アキくんもその場にいたから、知らないはずがない。(1)
아키 군도 그 자리에 있었으니까 모를 리가 없어.

言うにも言えない事情があるはずだから、少し待ってあげよう。(1)
말하고 싶어도 말할 수 없는 사정이 있을 테니까 조금 기다려 주자.

A 「今晩、ワールドカップの決勝戦だよ。」 "오늘 밤 월드컵 결승전이야." (2)

B 「どうりで道がすいているはずだ。」 "어쩐지 길이 텅 비어 있더라."

何回も確かめたはずなのに、また不具合が出てしまってすみません。(3)
분명 몇 번이나 확인했는데 또 불량이 나와서 죄송합니다.

✅ 체크   人は誰でも生まれ持った才能がある(① はずだ ② ことだ)。

039

~ものだ/~ものではない ~법이다/~하는 게 아니다

접속 | 동사 · い형용사 · な형용사의 명사 수식형

(1) 사회적, 도덕적으로 당연하다고 생각되는 내용을 설명할 때 사용하며, 그 내용은 말하는 사람의 개인적인 의견이 아니라 누가 생각해도 당연히 그러할 것이라는 일반적인 내용이 온다. 보통 진리·상식·일반적 사실·본성 등을 설명한다. 따라서 가벼운 명령이나 조언의 의미도 있다. 부정 표현은 「~ものではない」이며, 회화체에서는 「~もんだ」・「~もんじゃない」의 형태를 사용하기도 한다.
(2) 「た형+ものだ」의 형태로 과거의 일에 대한 회상이나 그리움을 표현한다.
(3) 「~たいものだ」・「~ほしいものだ」와 같은 형태로 희망을 강조하여 말할 때 사용한다.
(4) 어떤 내용에 대한 감탄이나 느낀 점을 강조하여 말할 때 사용한다.

生まれたばかりの赤ちゃんはたくさん寝るものだ。(1)
태어난 지 얼마 안 된 아기는 많이 자는 법이다.

人の話にそんなにいちいち文句をつけるものではない。(1)
남의 이야기에 그렇게 일일이 불평을 하는 게 아니다.

新入社員の時は、何でも一生懸命やったものだ。(2)
신입사원 때는 뭐든지 열심히 하곤 했었다.

いつか歌手としてシングルを出してみたいものだ。(3)
언젠가 가수로서 싱글을 정말 내 보고 싶다.

✓ 체크 長女がもう20歳だなんて子供の成長は早い(① ところだ ② ものだ)。

040

〜ものなら　〜할 수 있으면

접속 | 동사의 가능형

실현될 가능성이 거의 없는 일이 실현되는 상황을 가정하여 말할 때 사용하며, 희망 표현이나 명령 표현 등과 주로 함께 쓰인다. 「治る 낫다」처럼 가능의 의미를 나타내는 동사와 함께 쓰기도 한다.

➕ 플러스 가능형+ものなら VS 의지형+ものなら(N1)

大学時代に戻れるものなら今すぐ戻りたい。
대학 시절로 돌아갈 수 있으면 지금 당장 돌아가고 싶다.

行けるものなら行くけど、どうしても休暇が取れないんだよ。
갈 수 있으면 가겠지만 어떻게 해도 휴가를 낼 수가 없어.

この問題を一人で解決できるものなら、やってみたい。
이 문제를 혼자서 해결할 수 있다면 해 보고 싶다.

✓ 체크 これ以上我慢できる(① ことなら ② ものなら)我慢するけど、もう限界だ。

041

〜ものの　~하기는 하지만

접속 | 명사 である/동사・い형용사・な형용사의 명사 수식형

대립이나 모순 관계를 나타내는 역접 표현이다. 당연히 예상되는 결과가 실제로는 그렇지 않다고 할 때나, 어떤 행위를 하긴 했지만 결과가 어떻게 나올지 알 수 없다고 말할 때 사용한다.

ここは交通の便はいい**ものの**、通行人が多くてうるさい。
여기는 교통편은 좋긴 하지만 지나다니는 사람이 많아서 시끄럽다.

専攻は理系である**ものの**、今は違う分野で働いている。
전공은 이과이기는 하지만 지금은 다른 분야에서 일하고 있다.

俳優になった**ものの**、ろくな役を演じたことがない。
배우가 되긴 했지만 제대로 된 역할을 연기한 적이 없다.

✅ **체크**　僕はアメリカで生まれた(① ものを　② ものの)、英語は全然話せない。

042

〜ようがない　~할 수가 없다

접속 | 동사의 ます형

어떤 행동을 하고 싶지만 그렇게 할 수 있는 방법이 없다는 의미이다. 강조하고자 하는 경우는 「〜ようもない」를 쓴다.

今回の事故はタイミングが悪かったとしか言い**ようがない**。
이번 사고는 타이밍이 나빴다라고밖에 말할 수 없다.

借金のことで、会社をやめたくてもやめ**ようがない**。
빚 때문에 회사를 그만두고 싶어도 그만둘 수가 없다.

携帯を落としてしまって直し**ようもない**ほどに壊れてしまった。
휴대폰을 떨어트려서 고칠 수도 없을 정도로 망가져 버렸。

✅ **체크**　あの二人は大喧嘩を_____ _____ ★ _____。
① 取り戻し　　② 仲を　　③ して　　④ ようがない

043

～ようなら(ば)・～ようだったら ~할 것 같으면, ~할 경우에는

● 접속 | 동사・い형용사・な형용사의 명사 수식형

어떤 상황이 실제로 일어나는 것을 가정하여 말하는 표현이며, 추측 표현「～ようだ」의 조건, 가정 표현이다. 문장체에서는「～ようであれば」, 회화체에서는「～ようだったら」의 형태로 주로 사용된다.

体の調子が悪いようならば、家に帰って休んだ方がいいよ。
몸 상태가 나쁘면 집에 돌아가서 쉬는 편이 좋아.

同じミスが繰り返されるようだったら首になるかもしれない。
같은 실수가 반복되면 해고될지도 모른다.

打ち合わせに参加できないようなら、事前に連絡ください。
사전 미팅에 참가할 수 없을 것 같으면 미리 연락해 주세요.

✓ 체크   このまま不況が続く(① ようだったら ② ものなら)閉店するしかない。

044

～わけだ ~인 것이다, ~인 셈이다

● 접속 | 명사・동사・い형용사・な형용사의 명사 수식형 (명사の → な접속)

(1) 당연한 결론이나 자연스러운 결과, 필연적인 결과를 나타낸다.
(2) 어떤 이유를 설명하거나 사정이나 이유를 듣고 납득할 때 사용한다.
(3)「AはつまりBわけだ A는 다시 말해 B라는 것이다」의 형태로 다른 말로 바꿔 말할 때 사용한다.

30％割り引きだから、7000円の物は4900円になるわけだ。(1)
30% 할인이니까 7,000엔짜리 물건은 4,900엔이 되는 셈이다.

A「優衣のだんなさんはイギリス育ちだって」 "유이의 남편은 영국에서 자랐대." (2)

B「どうりで英語がぺらぺらなわけだね。」 "그래서 영어를 잘하는 것이구나."

免許があるのに運転できないって、つまりペーパドライバーだったわけだ。(3)
면허가 있는데 운전을 못한다는 건 다시 말해 장롱 면허였다는 것이다.

- ✓ 체크　子供の数が減っているから、廃校する学校が増えている(① わけだ　② ことだ)。

045

～わけではない (반드시) ~하는 것은 아니다

접속 | 명사・동사・い형용사・な형용사의 명사 수식형 (명사の → な접속)

(1) 현재의 상황이나 직전의 발언 등에서 당연히 예상되는 내용을 부분적으로 부정할 때 사용하는 표현이다.
(2) 거절 등의 부정적인 표현을 부드럽게 돌려 말할 때도 사용한다.
「必ずしも 반드시」・「特に 특히」・「別に 별로, 특별히」・「全部 전부」・「全然 전혀」・「まったく 전혀」・「～からといって ~때문이라고 해서」・「～といっても ~라 해도」와 같은 표현과 함께 자주 사용한다.

両国の首脳会談が最初から順調だったわけではない。(1)
양국의 정상 회담이 처음부터 순탄했던 것은 아니다.

言い訳するわけではないですが、やむを得ない事情がありました。(1)
변명하는 것은 아니지만 어쩔 수 없는 사정이 있었습니다.

特に予定があるわけではないけど、今日はとても疲れたので…。(2)
딱히 예정이 있는 것은 아니지만 오늘은 아주 피곤해서….

- ✓ 체크　親だからといって、子供の＿＿＿＿＿ ＿＿＿＿＿ ★＿＿＿＿＿ ＿＿＿＿＿。
　　　　① わけではない　　② 勝手に　　③ 人生を　　④ 決められる

워밍업

1 한국어 해석을 참고로 괄호 안에 들어갈 말로 알맞은 것을 고르세요.

1. 人身事故（　　）小田急線は全線で運転を見合わせています。
   인명 사고에 의해 오다큐 선은 모든 선에서 운행을 보류하고 있습니다.

2. もう夫婦関係を修復し（　　）がない。 이제 부부 관계를 회복할 수가 없다.

3. 気温がグングンと上昇し、埼玉県の熊谷市では最高気温が40℃（　　）。
   기온이 계속 상승하여 사이타마 현 구마가야 시에서는 최고 기온이 40도에 달했다.

4. イギリスに2年間住んでいた（　　）、英語の発音は大して良くない。
   영국에 2년간 살기는 했지만 영어 발음은 그다지 좋지 않다.

5. 人間は誰でも失敗する（　　）です。 인간은 누구든지 실패하는 법입니다.

6. 猫（　　）犬（　　）、このマンションではペットの飼育は禁止されている。
   고양이든 개든 이 맨션에서는 반려동물 사육은 금지되어 있다.

7. 大企業に勤めているが、私なんかただの平社員（　　）。
   대기업에 근무하고 있지만 나 같은 건 그저 평사원에 불과하다.

8. 今の仕事を辞められる（　　）、今すぐ辞めて実家に帰りたい。
   지금 일을 그만둘 수 있으면 지금 당장 그만두고 본가에 돌아가고 싶다.

9. 全然話せない（　　）ではないんですが、英会話は苦手です。
   전혀 못하는 것은 아니지만 영어 회화는 서툽니다.

10. 豪雨にも（　　）小野さんはオートバイに乗って来た。
    폭우에도 불구하고 오노 씨는 오토바이를 타고 왔다.

---

① もの　　② かかわらず　　③ ものの　　④ わけ　　⑤ よう
⑥ により　　⑦ にしろ　　⑧ に達した　　⑨ に過ぎない　　⑩ ものなら

2 힌트를 참고로 괄호 안에 들어갈 알맞은 문형을 찾아 쓰세요.

11. 商売(　　)かけては、岡村よりうまい人はいないと思う。

12. 漢字が多いので、この本は小2には難しいの(　　)ないですか。

13. 窓が開いているから部屋の中が寒い(　　)だよ。

14. 「昨日一日中寝ていたそうですよ。」「どうりで彼は元気(　　)わけだよ。」

15. 50代である(　　)一度も結婚したことがありません。

> **힌트**
> ① で ② から ③ では ④ を ⑤ も ⑥ な ⑦ はず ⑧ ものの ⑨ で ⑩ に

3 다음 문장을 잘 읽고 괄호 안에 들어갈 말로 알맞은 것을 고르세요.

16. 失敗が多かったけど、今度こそ絶対に成功してみせたい(① ものだ ② ことだ)。

17. 忙しい(① ものの ② にしても)連絡くらいはしてよ。

18. 明日になっても熱が下がらない(① ようだったら ② ようがないなら)医者に行きます。

19. 高価だからといって、必ずしも質がいい(① ものではない ② ものだ)。

20. 天候に(① しても ② よっては)花火大会が中止になります。

◆정답
1 ⑥　2 ⑤　3 ⑧　4 ③　5 ①　6 ⑦　7 ⑨　8 ⑩　9 ④　10 ②
11 ⑩　12 ③　13 ⑦　14 ⑥　15 ⑧　16 ①　17 ②　18 ①　19 ①　20 ②

합격 공략 | 실전 연습 03

問題7　次の文の（　　　）に入れるのに最もよいものを、1・2・3・4から一つ選びなさい。

1　そんなに怒らないで下さい。単に冗談を（　　）。
　1　言ったにすぎないですよ　　　　2　言うはずがないですよ
　3　言わざるを得ない　　　　　　　4　言うつつあるんですよ

2　「ジェームスさんは高校生の頃、東京に住んでいたそうですよ。」
　「どうりで東京の地理をよく（　　）ですね。」
　1　知っているわけ　2　分からないはず　3　詳しいもの　　4　覚えきれない

3　すごいとしか（　　）がない素敵なスピーチでした。
　1　言うもの　　　2　言いよう　　　3　話すこと　　　4　話しかけ

4　外国で生まれたからといって、必ずしも外国籍（　　）ですよ。
　1　なはずがない　2　なわけではない　3　のことではない　4　のではない

5　人間なんて本来自分勝手（　　）なんですよ。
　1　なところ　　　2　のこと　　　　3　なもの　　　　4　のよう

6　料理の腕に（　　）、高橋さんが一番でしょう。
　1　よっては　　　2　しては　　　　3　かけては　　　4　おうじて

7　「今度の週末、どこに行こうか。晴れたら動物園、雨が降ったらどうしようか。」
　「（　　）どこかに遊びに行こう。」
　1　いつか　　　　2　あいにく　　　3　あっという間に　4　いずれにせよ

8　石井はけがを（　　）、マラソン大会で最後まで頑張って走った。
　1　した末に　　　　　　　　　　　2　しているにもかかわらず
　3　しないうちに　　　　　　　　　4　したからこそ

問題8　次の文の＿＿★＿＿に入る最もよいものを、1・2・3・4から一つ選びなさい。

⑨　超大型台風＿＿＿＿ ＿＿＿＿ ★ ＿＿＿＿強いられました。
　1　被害で　　　　2　1か月にわたる　　3　避難生活を　　4　による

⑩　統計上、毎年児童虐待の＿＿＿＿ ★ ＿＿＿＿ ＿＿＿＿と思う。
　1　でしかない　　2　氷山の一角　　3　件数が増えているが　　4　これは

⑪　「金曜日までに＿＿＿＿ ＿＿＿＿ ★ ＿＿＿＿いいですか。」
　　「単位はあげられないよ。」
　1　レポートが　　2　ようならば　　3　書けない　　4　どうしたら

⑫　彼の＿＿＿＿ ＿＿＿＿ ★ ＿＿＿＿ので印象も良くない。
　1　態度は　　2　言葉づかいが悪い　　3　ていねいな　　4　ものの

⑬　2018年末現在＿＿＿＿ ＿＿＿＿ ★ ＿＿＿＿上ります。
　1　273万人　　2　日本に住んでいる　　3　にも　　4　外国人の数は

⑭　あんなに真面目なんですから＿＿＿＿ ★ ＿＿＿＿ ＿＿＿＿でしょう。
　1　そんな　　2　下品な人の　　3　はずがない　　4　行動をする

⑮　「田中さん、病気で＿＿＿＿ ＿＿＿＿ ★ ＿＿＿＿でしょうか。」
　　「そうですよね。昨日パチンコ屋に入っていくのを見ましたよ。」
　1　本当は元気な　　　　　　2　と言っていましたが
　3　会社を休んでいる　　　　4　のではない

⑯　タイムマシーンで昔に＿＿＿＿ ★ ＿＿＿＿ ＿＿＿＿いますよ。
　1　人生を　　2　戻れるものなら　　3　やり直したい　　4　と思って

합격 공략 | 실전 연습 03

問題9 次の文章を読んで、文章全体の内容を考えて 17 から 21 の中に入る最もよいものを、1・2・3・4から一つ選びなさい。

　駐車違反の取り締まりを民間にも委託するようになってだいぶ経つ。駐車違反が減ったとの評価もある 17 問題点も目立つ。わずか数分車から離れていただけで、例えばタクシーの運転手が公園のトイレを利用するために止めるだけで、駐車違反として取り締まられるからだ。

　駐車違反は交通渋滞を招いたり、交通の安全に支障を及ぼすから取り締まるのだが、駐車違反の場所に数分車を止めているだけで、形式的に取り締まるような方法は、国民の反感を買う。自動車は人や物を運んで目的地に到達するのが主な目的だ。特に宅配業者や介護ヘルパーなどが移動や運搬手段としてよく車を使う。そして訪問先の近くに車を止めるが、 18 30分程度だ。そんな短時間、運転手が離れた車を、いちいち駐車違反で取り締まるのは不合理だ。「取り締まりのための取り締まり」は百害あって一利なしだ。

　都市部の道路にはパーキングメーターもあるが、ほとんどの場所は駐車禁止になっている。ここでちょっと提案がある。現在5分以内の荷物の積み下ろしは、駐車ではなく停車とされているが、渋滞地域 19 、30分以内車を止める行為を 20 。道が混む場所以外なら問題ないはずだ。そうすれば、民間に委託する以前の取り締まりの運用がそうであったように、車の利便性を最大限に 21 。もちろん悪質な駐車違反は厳重に取り締まるべきだが、取り締まりによる国民の自由の制約は、必要かつ合理的なものでなければならない。

17
1　から　　　　2　ので　　　　3　ものの　　　　4　ことには

18
1　せいぜい　　2　さっさと　　3　すっかり　　　4　かえって

19
1　にかかわらず　2　を含めて　　3　以外も　　　4　を除いて

20
1　停車とするわけにはいかない
2　停車とすればいいのではないだろうか
3　駐車とすればいいはずがない
4　駐車としたらいいことだろう

21
1　使いきれない　　　　　　2　生かせるだろう
3　成り立つ　　　　　　　　4　乗り越えるかもしれない

합격 공략 | 필수 문형 1

046

~あげく ~한 끝에

- 접속 | 명사 の/동사의 た형
- 유사표현 | ~末(すえ)に ~한 끝에

오랜 시간 동안 동작이나 상태가 지속된 후에 어떠한 결말에 이르렀다는 의미로, 상태가 오래 지속됨으로 인해 정신적인 피로를 느꼈다는 뉘앙스의 표현이다.

たくさんの質問(しつもん)に答(こた)えさせられた**あげく**、あの会社(かいしゃ)に合格(ごうかく)した。
많은 질문에 대답한 끝에 그 회사에 합격했다.

3時間(じかん)にわたる議論(ぎろん)の**あげく**、取(と)り消(け)しという結末(けつまつ)に至(いた)った。
3시간에 걸친 논의 끝에 취소라고 하는 결말에 이르렀다.

さんざん悩(なや)んだ**あげく**、会社(かいしゃ)をやめて起業(きぎょう)することにした。
엄청 고민한 끝에 회사를 그만두고 창업하기로 했다.

✓ **체크**　考(かんが)えに考(かんが)えた(① あげく　② あまり)、地元(じもと)の大学(だいがく)に入(はい)ることにした。

047

~あまり ~한 나머지, 너무 ~해서

- 접속 | 명사の/동사의 사전형

극단적인 감정이나 상태를 강조하며 그로 인해 나쁜 결과가 따라온다는 의미이다. い형용사의 경우는 「い형용사의 어간+さ」의 형태로 주로 쓴다.

緊張(きんちょう)の**あまり**声(こえ)が出(で)なくなってしまいました。
긴장한 나머지 목소리가 나오지 않게 되어 버렸습니다.

うれしさの**あまり**、隣(となり)の知(し)らない人(ひと)を抱(だ)き締(し)めてしまった。
너무나 기쁜 나머지 옆에 있는 모르는 사람을 끌어안았다.

心配のあまり、昨日は一睡もできなかった。
너무나 걱정한 나머지 어제는 한숨도 자지 못했다.

✅ 체크   お肌のことを＿＿＿＿ ＿＿＿ ★ ＿＿＿＿ いませんか。
　　　　　① しすぎて　　　　② お手入れ　　　　③ あまり　　　　④ 気にする

048

～上に   ～한 데다가

접속 | 명사・동사・い형용사・な형용사의 명사 수식형

하나의 내용에 추가적으로 다른 내용을 덧붙여서 말할 때 사용한다. '플러스＋플러스', '마이너스＋마이너스'의 의미를 추가한다. 「その上 게다가」와 같은 접속사로도 사용한다.

うちの会社は給料もいい上に、福祉制度も充実している。
우리 회사는 월급도 좋은 데다가 복지 제도도 충실하다.

パク·ボゴムさんは実力もある上に、人柄もよくて評判だ。
박보검 씨는 실력도 있는 데다가 인품도 좋아서 평판이 좋다.

今年の夏は冷夏である上に、台風の被害も大きかった。
올해 여름은 냉하인 데다가 태풍 피해도 컸다.

✅ 체크   宿題もしなかった(① 上に　② 上で)遅刻もして先生に怒られた。

049

～(よ)うではないか　~하자, ~하지 않겠는가

● 접속 | 동사의 의지형

본인의 의지를 강조하거나, 남에게 어떤 동작을 권유할 때 사용하는 표현이다. 「～(よ)うか・～ましょうか」의 문어체 표현이며, 남성이 주로 사용한다.

一回限りの人生だから、思う存分楽しもうじゃないか。
한 번뿐인 인생이니까 마음껏 즐기자.

やってみないと分からないから、ぶつかってみようではないか。
해 보지 않으면 알 수 없으니까 부딪쳐 보지 않겠는가?

必ず成功して人々を驚かせてやろうじゃないか。
반드시 성공해서 사람들을 놀라게 해 주자.

✓ 체크　仕事が終わったら、＿＿＿＿＿ ＿＿＿＿＿ ★＿＿＿＿＿ ＿＿＿＿＿。
① ビールでも　　② 飲もう　　③ ではないか　　④ 一緒に

050

～おそれがある　~할 우려가 있다

● 접속 | 명사の/동사의 사전형

나쁜 일이 일어날 가능성이 있다는 의미로, 뉴스 등에 자주 쓰이는 문장체 표현이다. 한자 표기는 「恐れ」이다.

データの流出などのおそれはないので、ご安心ください。
데이터 유출 등의 우려는 없으므로 안심하세요.

土砂災害のおそれがある地域では厳重な注意が必要です。
산사태의 우려가 있는 지역에서는 엄중한 주의가 필요합니다.

こんな経営状態が続くと倒産する**おそれがある**。
이런 경영 상태가 계속되면 회사는 도산할 우려가 있다.

✅ 체크　震度7の地震があったが、津波の(① おそれ　② きっかけ)はないそうだ。

051

～思いをする　～한 마음이 되다, ~한 심정이 되다

접속 | 동사・い형용사・な형용사의 명사 수식형

동사「思う」가 명사가 되어 '기분・느낌・경험' 등의 의미로 사용된다. 「思い」・「思いをする」・「思いがする」의 형태로 자주 활용한다.

怪しい人に声をかけられ、怖い**思いをした**。
수상한 사람이 말을 걸어 무서운 느낌이 들었다.

好きな子の前で転んじゃって、恥ずかしい**思いをした**よ。
좋아하는 아이 앞에서 넘어져서 부끄러운 기분이 들었어.

どうしても勝ちたいという熱い**思い**に国民は感動した。
어떻게 해서라도 이기고 싶다라는 뜨거운 마음에 국민은 감동했다.

✅ 체크　君がいない間、僕が_____ _____★_____ _____知らないでしょう。
　　　　① したか　　　　② 思いを　　　　③ 寂しい　　　　④ どれだけ

052

～限(かぎ)り(は)/～限(かぎ)りでは/～ない限(かぎ)り

～하는 한/～한 바로는/～하지 않는 한

접속 | 명사・동사・い형용사・な형용사의 명사 수식형

(1) 「～限りは」는 어떠한 상태가 유지되는 조건의 범위를 말한다.
(2) 「～限りでは」는 「見る・聞く・調べる」 등의 표현과 함께 사용되어 자신의 지식이나 경험 등의 판단 범위를 표현할 때 사용한다.
(3) 「～ない限り」는 앞의 조건이 만족되지 않으면 뒤의 내용은 성립되지 않는다는 의미이다.

プロである限(かぎ)りこういう単純(たんじゅん)なミスは許(ゆる)されない。(1)
프로인 한 이러한 단순한 실수는 허용되지 않는다.

覚(おぼ)えている限(かぎ)りではこの前(まえ)お会いしたのは一年前でした。(2)
기억하고 있는 바로는 요전에 만나 뵌 것은 1년 전이었어요.

嵐(あらし)が治(おさ)まっていない限(かぎ)り、釣(つ)りには行けません。(3)
폭풍이 잠잠해지지 않는 한 낚시는 갈 수 없습니다.

✅ **체크**　あんな政治家(せいじか)がいる(① 代わり　② 限り)、この国(くに)の未来(みらい)はないと思う。

053

～がたい　～하기 어렵다, ～하기 힘들다

접속 | 동사의 ます형

어떤 동작을 하기 힘들거나, 어떤 상황을 심리적으로 받아들이기 힘들다는 의미이다. 주로 「信(しん)じがたい 믿기 힘들다」・「想像(そうぞう)しがたい 상상하기 힘들다」・「認(みと)めがたい 인정하기 힘들다」・「耐(た)えがたい 견디기 힘들다」・「許(ゆる)しがたい 용서하기 힘들다」 등의 형태로 사용한다.

➕ **플러스**　～がたい VS ～かねる 008

初恋の人からもらったプレゼントなので、捨てがたいですね。
첫사랑한테 받은 선물이라서 버리기 힘드네요.

どう考えても今の現状を受け入れがたい。
어떻게 생각해봐도 현재 상황을 받아들이기 어렵다.

自分の利益ばかり追っている社長を理解しがたい。
자신의 이익만 쫓고 있는 사장을 이해하기 힘들다.

✅ 체크 大学時代の思い出は40歳になった今でも忘れ(① がたい ② かねない)。

054

〜がちだ 〜하는 경향이 있다, 자주 〜하다

접속 | 명사/동사의 ます형

부정적인 상태로 되기 쉬운 경향이 있거나 또는 어떤 일이 자주 발생한다는 의미이다. 「〜がちの＋명사 (자주 〜하는)」와 같은 형태로 명사를 수식하며, 「〜がちになる」의 형태도 시험에 출제되었다. 예 家に引きこもりがちになる。집에 자주 틀어박히게 된다.

人は何でも自分勝手に思い込んでしまいがちだ。
사람은 뭐든지 자기 좋을 대로 믿어 버리는 경향이 있다.

テストのために、忘れがちなポイントをおさらいしましょう。
시험을 위해서 잊기 쉬운 포인트를 복습합시다.

年末年始の郵便局は忙しくて、郵便物が遅れがちだ。
연말연시의 우체국은 매우 바빠서 우편물이 늦어지기 쉽다.

✅ 체크 最近、_____ ★ _____ _____続いています。
① うっとうしい   ② 日々が   ③ 曇り   ④ がちの

055

～かと思ったら・～かと思えば・～かと思うと

～하나 싶더니 곧, ～라고 생각했더니

● 접속 | 명사/동사·い형용사의 보통형/な형용사의 어간

어떤 일이 일어난 직후에 예상하지 못했던 다른 일이 발생한다는 의미이다. 예상과는 반대되는 상황을 묘사할 때도 사용한다.

春香ちゃんは明るい人**かと思ったら**、そうでもないらしい。
하루카는 밝은 사람이라고 생각했더니 그렇지도 않은 것 같다.

やっと静かになった**かと思うと**、今度は赤ちゃんが泣き出した。
겨우 조용해졌다고 생각했는데 이번에는 아기가 울기 시작했다.

家に帰ってきた**かと思えば**、娘は着替えてまた出かけた。
집에 돌아왔나 싶더니 딸은 옷을 갈아입고 또 외출했다.

✓ **체크** 勉強を始めたかと(① 思ったら ② 思うなら)、息子はもう寝ている。

056

～から言うと・～から言えば/～から言って

～로 보면/～로 봐서

● 접속 | 명사

유사표현 | ～から見ると・～から見れば/～から見て ～로 보면/～로 봐서

어떤 내용을 판단하고 평가할 때 그 근거를 나타내는 표현이다. 「～から見ると」와 비슷한 표현이지만, 「～から言うと」는 「彼」와 같은 사람을 나타내는 명사 뒤에는 사용할 수 없으므로 주의해야 한다. 예 彼から言うと、これは朝飯前だ。(×) 그의 입장에서 보면 이것은 식은 죽 먹기이다.

教える立場から言うと、成績よりやる気の問題だ。
가르치는 입장에서 보면 성적보다 의욕의 문제이다.

文法から言えば間違いとは言えないが、何か違和感がある。
문법으로 보면 틀렸다고는 할 수 없지만 왠지 위화감이 있다.

現状から言って、その計画を実行するのは無理だ。
현재 상황으로 봐서 그 계획을 실행하는 것은 무리이다.

✓ 체크　原則(① からいえば　② からには)、その主張には問題がある。

057
～気味　～기미, ～기색, ～한 느낌

접속 | 명사/동사의 ます형

아주 심한 정도는 아니지만 그러한 느낌이 든다고 말할 때 사용한다. 「疲れ気味」・「太り気味」 등과 같이 부정적인 느낌이 드는 일에 주로 사용한다.

昨日から風邪気味で、体がぞくぞくします。
어제부터 감기 기운이 있어서 몸이 오싹오싹합니다.

初めての授業だったので、学生たちはやや緊張気味だった。
첫 수업이었기 때문에 학생들은 조금 긴장한 기색이었다.

最近、疲れ気味なのでビタミンを飲み始めた。
요즘에 피곤한 느낌이 들어서 비타민을 먹기 시작했다.

✓ 체크　最近、運動しなかったせいかちょっと(① 太る　② 太り)気味です。

058

〜きらいがある　〜경향이 있다

● 접속 | 명사の/동사의 사전형·ない형

바람직하지 못한 어떤 일이 자주 일어난다는 의미로 쓰이고 비슷한 표현으로는 「〜傾向がある」가 있다.

一人っ子は自己中心的な行動を取るきらいがあるって偏見だと思う。
외동은 자기 중심적인 경향이 있다는 건 편견이라고 생각해.

彼は自分の興味のない話には耳を傾けなくなるきらいがある。
그는 자신이 흥미가 없는 이야기에는 귀를 기울이지 않는 경향이 있다.

彼女は人のいない所で悪口を言うきらいがある。
그녀는 사람이 없는 곳에서 험담을 하는 경향이 있다.

✓ 체크　彼は面白いけど、何でも大げさに言う(① はずがある　② きらいがある)。

059

〜くらいなら　〜할 바에는, 〜할 거라면

● 접속 | 동사의 사전형

어떤 동작을 하고 싶지 않아서 그 동작을 하는 대신에 다른 일을 하겠다는 의미이다. 「〜ました 〜하는 게 더 낫다」・「〜方がいい 〜하는 편이 좋다」와 같은 표현과 함께 사용하는 경우가 많다.

人の答案をカンニングするくらいなら、試験に落ちた方がましだ。
남의 답안을 커닝할 정도라면 시험에 떨어지는 편이 낫다.

あなたと結婚するくらいなら一生独身の方がいい。
당신하고 결혼할 바에는 평생 독신으로 사는 편이 낫다.

あんな条件で働くくらいなら、やめた方がいいかもしれない。
저런 조건으로 일할 바에는 그만두는 편이 나을지도 모른다.

✅ 체크   プライドを捨てる(① くらいなら ② ほどなら)、死んだ方がいいと思います。

060

～ことから   ~로 인해, ~때문에

접속 | 명사 である/동사・い형용사・な형용사의 명사 수식형

어떤 것의 이름이나 유래, 또는 판단의 근거나 이유를 말할 때 사용하는 문장체 표현이다.

近くに大手スーパーができたことから、市場の利用客が減っている。
근처에 대형 슈퍼가 생긴 것으로 인해 시장의 이용객이 줄고 있다.

眼鏡のような形に見えることから、「眼鏡橋」と呼ばれている。
안경 같은 형태로 보이기 때문에 '안경다리'로 불리고 있다.

彼女は思いやりもあって優しいことから、みんなに好かれている。
그녀는 배려도 있고 다정하기 때문에 모두가 좋아한다.

✅ 체크   井上くんは態度が悪い(① ことから ② ものなら)、いつも先生に怒られる。

워밍업

1 한국어 해석을 참고로 괄호 안에 들어갈 말로 알맞은 것을 고르세요.

1. 彼女は何でも否定的に考え(　　)。그녀는 무엇이든지 부정적으로 생각하는 경향이 있다.

2. さんざん悩んだ(　　)家宝を売ることにした。엄청 고민한 끝에 가보를 팔기로 했다.

3. 会社で耐え(　　)パワハラを受けている。회사에서 견디기 힘든 갑질을 당하고 있다.

4. 赤ちゃんが寝たか(　　)、急に泣き出した。아기가 자나 싶더니 갑자기 울기 시작했다.

5. 春香の顔(　　)、何か隠しているに違いない。
   하루카의 얼굴로 봐서 무언가 숨기고 있는 것이 분명해.

6. 疲れ(　　)で頭が働かないんです。
   피곤한 것 같은 느낌이 들어서 머리가 돌아가지 않거든요.

7. 最近の生徒は自ら考えずに、先生にすぐ聞く(　　)。
   요즘 학생은 스스로 생각하지 않고 선생님에게 바로 묻는 경향이 있다.

8. 少子化が進んでいる(　　)、学校の統廃合が進んでいる。
   저출산 진행으로 인해 학교 통폐합이 진행되고 있다.

9. 津波の(　　)ので、高い所に避難してください。
   지진 해일의 우려가 있기 때문에 높은 곳으로 피난해 주세요.

10. 忙しさの(　　)上司に連絡するのをすっかり忘れてしまった。
    너무나 바쁜 나머지 상사에게 연락하는 것을 완전히 잊고 말았다.

---

① おそれがある　② 気味　③ あげく　④ と思ったら　⑤ きらいがある
⑥ あまり　　　　⑦ がちだ　⑧ ことから　⑨ がたい　　⑩ からいって

2 힌트를 참고로 괄호 안에 들어갈 알맞은 문형을 찾아 쓰세요.

11. 冷夏の上（　　）、台風も来て、野菜の生育が悪い。

12. あいつに金を借りるくらい（　　）自己破産をした方がましだよ。

13. 日本では法律が変わらない限り（　　）、同性婚ができない。

14. 熱心に勉強している学生か（　　）思ったら、そうでもなかった。

15. 本村はロシア語が上手（　　）ことから、モスクワ支社への転勤が決まった。

> **힌트**
> ①が ②で ③に ④は ⑤の ⑥と ⑦な ⑧なら ⑨まで ⑩のみ

3 다음 문장을 잘 읽고 괄호 안에 들어갈 말로 알맞은 것을 고르세요.

16. お前が大変なら、僕も（① 手伝う　② 手伝おう）ではないか。

17. 祖父が亡くなり、悲しい思いを（① した　② なった）。

18. （① 焦る　② 焦った）あまり、いつもミスをしてしまう。

19. つい食べ過ぎて（① いる　② しまい）がちなので、なかなかやせられないの。

20. ここの服は安い（① 上に　② くらいなら）生地もしっかりしているので好きだ。

정답

1 ⑦　2 ③　3 ⑨　4 ④　5 ⑩　6 ②　7 ⑤　8 ⑧　9 ①　10 ⑥
11 ③　12 ⑧　13 ④　14 ⑥　15 ⑦　16 ②　17 ①　18 ①　19 ②　20 ①

합격 공략 | 실전 연습 04

問題7 次の文の（　　　）に入れるのに最もよいものを、1・2・3・4から一つ選びなさい。

1 友達との（　）、殴り合いになった。
　1 口論ながらも　　　　　　　　2 口論にしても
　3 口論のあげく　　　　　　　　4 口論のついでに

2 「この食堂、学生さんが多いですね。」
　「安いし、（　）、学生の間で話題になっているんですよ。」
　1 ボリュームも多いことから　　2 ボリュームも多いかといえば
　3 味もいいあまり　　　　　　　4 味もいいようならば

3 あの怠け者の吉岡が、アメリカで頑張っているなんて（　）よ。
　1 想像しかねない　　　　　　　2 想像しかける
　3 想像するべきではない　　　　4 想像しがたい

4 私が調べた（　）、結果は以下のようになりました。
　1 限りでは　　2 あまり　　3 次第　　4 かのように

5 あのような（　）、星川さんは妥協しないと思うよ。
　1 態度かというと　2 性格なものの　3 態度からいって　4 性格ことから

6 この辺りは静かな（　）、交通の便も良いので、住むのに最高だと思います。
　1 ものの　　2 うちに　　3 うえに　　4 うえで

7 「せっかく沖縄に旅行に行ったのに、台風が上陸して、どこにも行けませんでしたよ。」
　「それは退屈な（　）をしましたね。」
　1 考え　　2 思い　　3 気　　4 感じ

8 彼は独断専行の（　）。
　1 ようがない　　2 きらいがある　　3 ことはない　　4 一方である

問題8　次の文の ___★___ に入る最もよいものを、1・2・3・4から一つ選びなさい。

⑨　昨夜からの_____ ___★___ _____ _____が出されました。

1　おそれがあるので　　　　　2　大雨で
3　川があふれる　　　　　　　4　避難勧告

⑩　結婚して苦労する_____ ___★___ _____ _____方がいいよ。

1　一人で生活　　2　くらいなら　　3　していった　　4　一生

⑪　皆、_____ _____ ___★___ _____ではありませんか。

1　変えよう　　2　政治を　　3　投票しに行って　　4　日本の

⑫　「高橋、どうしたの。顔色が悪いよ。」

　　「風邪_____ _____ ___★___ _____食べていないんだ。」

1　のども痛いし　　2　何も　　3　食欲もないから　　4　気味で

⑬　上野公園は花見の_____ _____ ___★___ _____花見客が来ます。

1　ことから　　2　名所である　　3　桜の季節になると　　4　大勢の

⑭　富岡は、本当は歌が_____ _____ ___★___ _____んですよ。

1　遠慮がちに　　2　うまい　　3　歌を歌う　　4　のに

⑮　母はわが子を_____ _____ ___★___ _____してきた。

1　思う　　2　自分の生活を　　3　犠牲に　　4　あまり

⑯　仕事がやっと_____ ___★___ _____ _____入ってきました。

1　また　　2　と思えば　　3　片付いたか　　4　新しい仕事が

합격 공략 | 실전 연습 04

問題9 次の文章を読んで、文章全体の内容を考えて 17 から 21 の中に入る最もよいものを、1・2・3・4から一つ選びなさい。

人間はステレオタイプで物事を 17 。自分はこうするのに、どうしてあの人はああするのか、おかしいと考えてしまう。日本国内でも、旅行などで他の地域に行った時に、慣習の違いなどにより、同じ日本人なのに、あの人はどうしてああするのかと感じることがある。この事が特に外国人との関係で 18 になる。例えば日本では120円の缶ジュースを買う時に、一万円札を出しても店員は何も言わずに会計をしてくれ、9880円のお釣りをくれる。しかし海外ではそれは普通ではない。1ドルの缶ジュースを100ドル札で買おうとしても受け付けてくれないことが多く、またこの客は何を考えているのかと店員に 19 という。だからといって、「どっちが客か。」と思ってはいけない。海外では日本のように治安のいい国は少なく、お釣りを十分に用意している所も少ない。こういう社会的な背景を考えずに、日本と同じ感覚でいることに問題がある。

最近、多くの中国人が観光で日本に訪れる。日本のトイレにはお尻を拭いた後に、トイレットペーパーを捨てるゴミ箱がない。 20 特に中国人の女性は、使用済みのナプキンを捨てるゴミ箱に捨ててしまうという。日本人の視点で考えると汚いと思うが、中国のトイレは水流が弱く紙が詰まりやすいので、便器に流さない。中国人観光客が気をつかって、流さずに捨てたのだ。

日本人も海外に出かけたり、外国人も日本に来たりする機会が増えている。グローバル社会といわれる現在、お互いの国に対する理解と多角的な 21 。

17
1 考えきれない
2 考えがちである
3 考えるどころではない
4 考えるにすぎない

18
1 異常
2 共通
3 超過
4 顕著

19
1 思いかねない
2 思いかねる
3 思われかねない
4 思われかねる

20
1 そこで
2 しかも
3 どころが
4 とはいえ

21
1 視点も必要となってくる
2 視点が必要となるわけではない
3 考え方が重要になることはない
4 考え方が重要になるはずだった

합격 공략 | 필수 문형 2

061

～ことだから　～이니까

● 접속 | 명사 の

사람의 성격이나 행동 등의 특징을 근거로 하여 판단할 때 사용하며, 주로 말하는 사람의 주관적인 판단이나 의견인 경우가 많다.

➕ **플러스** ～ことだから VS ～ものだから 144

根性のある木村さんのことだから、このまま諦めないと思う。
근성이 있는 기무라 씨니까 이대로 포기하지 않을 거라고 생각해.

頭のいい彼のことだから、これくらいは朝飯前だろう。
머리가 좋은 그이니까 이 정도는 식은 죽 먹기일 것이다.

あの俳優のことだから、今度の作品も面白くないはずがない。
그 배우이니까 이번 작품도 재미없을 리가 없다.

✓ **체크**　慎重な彼の(① こと　② もの)だから、彼の判断を信じてもいい。

062

～ことなく　～하지 않고, ～하는 일 없이

● 접속 | 동사의 사전형

어떤 일이 발생하지 않거나 그 동작을 하지 않는다고 강조할 때 사용하는 표현이다. 「～ないで」・「～ずに」와 같은 의미이다.

彼にもらったこの財布を24年間捨てることなく、使っている。
그에게 받은 이 지갑을 24년간 버리지 않고 사용하고 있다.

彼女は10年間一日も休むことなく働き続けた。
그녀는 10년간 하루도 쉬지 않고 계속 일했다.

夢を忘れることなく前を向いて歩んで行きたい。
꿈을 잊지 않고 앞을 향해 걸어가고 싶다.

✅ 체크　失敗を_____ _____★_____ _____ください。
　　　① チャレンジして　② 何事にも　③ 恐れる　④ ことなく

063

～ごとに ～마다

접속 | 명사/동사의 사전형

'～마다. ～할 때마다'라는 의미로 어떤 일이 반복적으로 일어난다는 의미와 제시하는 내용이 각각 모두 해당한다는 의미로 사용한다. [숫자+조수사]의 형태로 사용하며 숫자 기준으로 어떤 일이 반복된다는 뜻을 나타낸다. 「～たびに 때마다」와 비슷한 의미의 표현이다.

➕ **플러스** ごとに VS おきに 004

JLPTの試験を受けるごとに点数が上がっている。
JLPT 시험을 응시할 때마다 점수가 오르고 있다.

花火大会は一年ごとに開かれている。
불꽃놀이는 1년마다 열리고 있다.

このセキュリティーシステムは1か月ごとに更新されている。
이 보안 시스템은 1개월마다 갱신되고 있다.

✅ 체크　経験を重ねる(① おきに　② ごとに)自信が得られると思う。

064

～際(さい)(は) ~할 때(에는)

● 접속 | 명사 の/동사의 사전형·た형

특별한 상황이나 때를 강조하여 말할 때 사용한다. 「時」와 비슷한 의미이지만 단순한 때를 나타내기보다 기회·계기 등의 뉘앙스를 가지며 「時」보다 문장체 표현이다.

電子レンジで加熱する際は、必ずふたを外してください。
전자레인지로 가열할 때는 반드시 뚜껑을 벗겨 주세요.

非常の際は、係員の指示に従ってください。
비상 시에는 직원의 지시에 따라 주세요.

ホームページでのご注文の際は会員登録が必要となります。
홈페이지에서의 주문 시에는 회원 등록이 필요합니다.

✅ 체크   お降りの(① 際は ② 度は)、忘れ物のないようにご注意ください。

065

～すら・～ですら ~조차

● 접속 | 명사

당연하다 생각되는 어떤 예를 제시하고 그것을 강조하여 말할 때 사용한다. 「も・さえ」와 비슷한 의미의 표현이며, 주어에 접속할 때는 「ですら」 형태로도 사용된다.

疲れ切って話すことすら大変です。
너무 지쳐서 말하는 것조차 힘들어요.

何度も問い合わせのメールを送ったが、返事すらない。
몇 번이나 문의 메일을 보냈지만 답장조차 없다.

ネイティブスピーカーですら解けない問題が出題される。
원어민조차 풀 수 없는 문제가 출제된다.

✓ 체크   この話は親友である彼に(① すら ② だけ)何も言っていない。

066

～だけあって・～だけに　～인 만큼(당연히), ～이기 때문에(역시)

접속 | 명사/동사・い형용사・な형용사의 명사 수식형

어떤 이유를 설명하고 그에 따른 당연한 결과를 강조하여 말할 때 사용한다. 주로 어떠한 재능이나 노력의 결과, 지위 등을 칭찬할 때 사용한다. 문장 끝에서는 「～だけのことはある」의 형태로 사용되며, 「さすが 과연」와 함께 쓰일 때가 많다.

さすが世界的な名車だけあって、安全性に優れている。
과연 세계적인 명차인 만큼 안전성이 뛰어나다.

世界的に愛されているだけに、彼らのパフォーマンスはすごかった。
세계적으로 사랑받고 있는 만큼 그들의 퍼포먼스는 대단했다.

この作品は完成度が高い。値段が高いだけのことはある。
이 작품은 완성도가 높다. 가격이 비싼 만큼의 가치는 있다.

✓ 체크   長年かけて努力した(① ばかりに ② だけに)、優勝は当たり前だと思う。

067

～だらけ　～투성이

● 접속 | 명사

먼지나 쓰레기처럼 좋지 않은 것이 덕지덕지 붙어 있거나 그 양이 많다는 의미로 사용한다.

息子が全身泥だらけになって帰って来ました。
아들이 온몸이 진흙투성이가 되어서 돌아왔습니다.

間違いだらけの情報が溢れる時代だ。
오류투성이의 정보가 흘러 넘치는 시대이다.

その部屋はずっと使っていないので、ほこりだらけになっている。
그 방은 계속 사용하지 않았기 때문에 먼지투성이가 되어 있다.

✓ 체크　激しい試合だったので、選手らは傷(① だらけ　② がち)になった。

068

～っけ　～였더라, ～던가

● 접속 | 명사·な형용사의 보통형 / 동사·い형용사의 た형

과거의 일이나 불확실한 일을 다시 한번 확인하려고 할 때 사용하는 회화체 표현으로 친한 사이에서만 사용한다.

明日の飲み会、どこでやることになったんだっけ。
내일 회식, 어디에서 하게 되었더라?

来週の出張がキャンセルになったって言わなかったっけ。
다음 주 출장이 취소되었다고 말하지 않았나?

ごめん。僕この前のお金、返したっけ。
미안해. 나 지난번 돈 갚았던가?

✓ 체크   はずかしいな。こんな写真撮った(① って ② っけ)。

069

～っこない　～할 리가 없다, 절대로 ～하지 않는다

접속 | 동사의 ます형

유사표현 | ～わけがない・～はずがない ～할 리가 없다

어떤 일이 절대로 불가능할 것이라고 단정해서 말할 때 사용한다.

僕がどんな目にあったのか君には分かりっこないよ。
내가 어떤 일을 당했는지 너는 알 리가 없어.

宝くじなんか当たりっこないでしょう。
복권 같은 게 당첨될 리가 없잖아.

こんな状況じゃ、旅行を楽しめっこないよ。
이런 상황이면 여행을 즐길 수 있을 리가 없어.

✓ 체크   こんな弱い成績では_____ _____ ★ _____ _____。
　　　　　① っこない　　② ハーバード大学の　　③ でき　　④ 卒業なんて

070

～て以来(いらい)　～한 이래, ～한 이후로 쭉

접속 | 동사의 て형

어떤 일이 발생한 후에 그 상태가 변하지 않고 현재까지 계속 유지된다는 의미이다. 「～てから」와 비슷한 의미이지만, 「～て以来」는 그 상태가 계속 유지된다는 것을 강조하는 표현이므로 일회성으로 끝나는 일에는 사용할 수 없다.

この車(くるま)は就職(しゅうしょく)の時(とき)に父(ちち)に買(か)ってもらって以来(いらい)、ずっと乗(の)っている。
이 차는 취직할 때 아빠가 사 준 이후로 계속 타고 있다.

SMAPはデビューして以来(いらい)ずっとトップの位置(いち)に立(た)っていた。
SMAP는 데뷔하고 난 이래로 계속 정상의 위치에 서 있었다.

昭和(しょうわ)26年(ねん)に誕生(たんじょう)して以来(いらい)、愛(あい)され続(つづ)けている長崎(ながさき)の銘菓(めいか)です。
쇼와 26년에 탄생한 이후로 계속해서 사랑받고 있는 나가사키의 명과입니다.

✅ **체크**　二宮君(にのみやくん)とは卒業(そつぎょう)して(① 以来　② 以外)、全然(ぜんぜん)会(あ)っていません。

071

～てからでないと　～하고 나서가 아니면

접속 | 동사의 て형

어떤 동작을 하지 않으면 뒤의 일이 불가능하다는 조건 표현으로, 미리 그 동작을 해 두어야 한다는 의미이다. 「～てからでなければ」・「～てからでなかったら」의 형태로도 사용된다.

免許(めんきょ)を取(と)ってからでないと絶対(ぜったい)に運転(うんてん)してはいけない。
면허를 취득하고 나서가 아니면 절대로 운전해서는 안 된다.

その国(くに)の文化(ぶんか)を理解(りかい)してからでないと言語(げんご)の習得(しゅうとく)は難(むずか)しい。
그 나라의 문화를 이해하고 나서가 아니면 언어의 습득은 힘들다.

この食堂は予約してからでないと、ご利用になれません。
이 식당은 예약하고 나서가 아니면 이용하실 수 없습니다.

✅ 체크 担当者に確認(① してから ② したから)でないと、お答えできません。

072

～てならない   ~해서 견딜 수 없다

접속 | 동사・い형용사・な형용사의 て형

감정이나 욕구가 너무 강해 견딜 수 없다는 의미이며, 말하는 사람의 감정이나 욕구에만 사용할 수 있다. 「案じる 염려되다」・「思い出される 떠오르다」・「気になる 신경 쓰이다」・「見える 보이다」・「残念だ 안타깝다」 등의 표현과 같이 사용된다.

担当者の対応が無責任に思えてならない。
담당자의 대응이 무책임하게 생각되어서 견딜 수 없다.

たった一点で試験に落ちたのが悔しくてならない。
단 1점 때문에 시험에 떨어져 버린 것이 분해서 견딜 수 없다.

外国で一人で勉強している妹のことが心配でならない。
외국에서 혼자 공부하고 있는 여동생이 걱정돼서 견딜 수 없다.

✅ 체크 将来のことが気になって、不安で(① ならない ② すまない)。

073

～てまで　~하면서까지

- 접속 | 동사의 て형

굳이 극단적인 행동을 하면서까지 목적을 달성할 필요는 없다는 의미이다.「~までして」와 같은 의미의 표현이다.

薬を飲んでまでダイエットをするのは体によくない。
약을 먹으면서까지 다이어트를 하는 것은 몸에 안 좋다.

徹夜してまで準備したのに一瞬のミスで台無しになってしまった。
철야까지 해서 준비했는데 순간의 실수로 엉망이 되어 버렸다.

借金してまで株式に投資するのは大変危険だ。
빚까지 내서 주식에 투자하는 것은 대단히 위험하다.

✓ 체크　自然を壊して(① より　② まで)、道路を作るのは反対だ。

074

～と～（と）では　~과 ~과는

- 접속 | 명사/동사・い형용사・な형용사 명사수식형 の

두 가지의 내용을 비교하여 말할 때 사용하는 표현이다.

外国語の勉強で文化に興味があるのとないのでは結果が変わる。
외국어 공부에서 문화에 흥미가 있는 것과 없는 것과는 결과가 바뀐다.

彼女は歌と演技とでは演技の方が上手い。
그녀는 노래와 연기에서는 연기 쪽이 능숙하다.

体重を意識するのとしないのとではダイエットの効果が違う。
체중을 의식하는 것과 하지 않는 것과는 다이어트의 효과가 다르다.

- 체크　_____ _____ _____ ★ _____ 体の調子が全く違う。
  ① とでは　　② 飲むのと　　③ ビタミンを　　④ 飲まないの

075

〜とか・〜とかで　〜라고 하던데・〜라고 하면서

● 접속 | 명사・동사・い형용사・な형용사의 보통형

전문(伝聞)을 나타내는 표현으로 어떤 내용을 다른 사람에게 전해 들었다고 이야기할 때 사용한다. 「〜そうだ」・「〜ということだ」와 비슷한 의미이지만, 「〜とか・とかで」가 불확실하게 말하는 느낌을 준다. 문장 끝에서는 「とか」 형태로만 쓰인다.

試してもいないのに、すぐだめだとか言わないでね。
시도해 보지도 않았으면서 바로 안 된다라고 말하지 마.

ニュースによると九州地方は大雨で被害が大きいとか。
뉴스에 의하면 규슈 지방은 폭우로 피해가 크다고 하던데.

彼は朝寝坊したとかで、会社に遅れて出社してきた。
그는 아침에 늦잠을 잤다고 하면서 회사에 늦게 출근했다.

- 체크　クラシック公演に行く(① とかで　② ところで)、彼はスーツを着てきた。

워밍업

1 한국어 해석을 참고로 괄호 안에 들어갈 말로 알맞은 것을 고르세요.

1. 村上春樹の(　)今回の小説も大ヒットするだろう。
무라카미 하루키니까 이번 소설도 크게 히트할 것이다.

2. そんな事、子供で(　)分かりますよ。 그런 일은 아이라도 알 수 있어요.

3. さすがホンダのバイク(　)、故障しないですね。
과연 혼다 바이크인 만큼 고장 나지 않는군요.

4. 最近、泥(　)になって遊ぶ子が少ないね。 요즘은 흙투성이가 되어서 노는 아이들이 적네.

5. 優勝なんて、でき(　)ですよ。 우승 같은 건 가능할 리 없어요.

6. おなかが減って(　)よ。 너무 배가 고파 견딜 수 없어.

7. 明日、何時に待ち合わせでした(　)。 내일 몇 시에 만나기로 했었죠?

8. アメリカとカナダ(　)、どちらの面積が広いですか。
미국이랑 캐나다는 어느 쪽의 면적이 넓습니까?

9. 親に許しを得て(　)でないと、外泊はできないの。
부모의 허락을 받고 난 후가 아니면 외박할 수 없어.

10. 来日の(　)は、ご連絡ください。 일본에 오실 때에는 연락 주세요.

① ならない　② だけあって　③ っけ　④ ことだから　⑤ 際に
⑥ っこない　⑦ すら　⑧ から　⑨ だらけ　⑩ では

2 힌트를 참고로 괄호 안에 들어갈 알맞은 문형을 찾아 쓰세요.

11. 彼は奥さんが亡くなって（　）、何も手につかないらしい。

12. けんか（　）自分の意見を通したくはない。

13. 美結さんは今週末デート（　）で、一緒に遊べないって。

14. ここは田舎ですから、３時間（　）にバスが来ます。

15. 家族に相談する（　）なく、一人で決めました。

> **힌트**
> ① してまで　② より　③ とか　④ では　⑤ もの
> ⑥ こと　　　⑦ の　　⑧ ごと　⑨ 際　　⑩ 以来

3 다음 문장을 잘 읽고 괄호 안에 들어갈 말로 알맞은 것을 고르세요.

16. 国家試験に合格し（① うれしくて　② 幸せに）ならない。

17. 一歩間違えば大事故に（① つながるだけに　② つながりかねるので）原因究明が急がれている。

18. 部屋の中がごみ（① だらけ　② ですら）なので、足の踏み場もないんです。

19. やつが歌手になんか（① なら　② なれ）っこない。

20. 外出する（① 際には　② あげく）かぎを掛けてください。

> **정답**
> 1 ④　2 ⑦　3 ②　4 ⑨　5 ⑥　6 ①　7 ③　8 ⑩　9 ⑧　10 ⑤
> 11 ⑩　12 ①　13 ③　14 ⑧　15 ⑥　16 ①　17 ①　18 ①　19 ②　20 ①

합격 공략 | 실전 연습 05

問題7　次の文の（　　　）に入れるのに最もよいものを、1・2・3・4から一つ選びなさい。

1　龍淵先生の（　　）、今日も時間通りにはいらっしゃらないでしょう。
　1　末に　　　　　2　ことだから　　　3　ものから　　　4　ことなく

2　「下村さんって（　　）。」「いいえ、違いますよ。高校で教師をしています。」
　1　昔、医者に通っていましたか　　　2　何をなさっているんですか
　3　遅刻しがちなの　　　　　　　　　4　銀行員でしたっけ

3　あの人は（　　）肌につやがありますね。
　1　若いだけに　　　　　　　　　　　2　若い限りは
　3　若いものなら　　　　　　　　　　4　若いにもかかわらず

4　桃田の話によると、桜田の彼女はかわいい（　　）。
　1　わけだ　　　　2　ではないか　　　3　とか　　　　　4　にせよ

5　「長谷川さんって、最近何をしているか、ご存じですか。」
　「5年前に70歳で（　　）、ずっと独身らしいですよ。」
　1　離婚してからでないと　　　　　　2　離婚しただけあって
　3　離婚したには　　　　　　　　　　4　離婚して以来

6　君に僕の気持ちなんて（　　）。
　1　分かりっこないですよ　　　　　　2　分かろうではないか
　3　分かるに過ぎないですよ　　　　　4　分かりがちだ

7　「私達、来年卒業だけど、就職できるかな。」
　「そうだね。不景気だから、私も就職できるか（　　）。」
　1　不安になりっこない　　　　　　　2　不安でならないよ
　3　心配しようがない　　　　　　　　4　心配するわけではない

8　近くに（　　）、ぜひご連絡ください。
　1　お越しの際には　　　　　　　　　2　お越しの上に
　3　お越しのあげく　　　　　　　　　4　お越しからというと

問題8　次の文の＿★＿に入る最もよいものを、1・2・3・4から一つ選びなさい。

9 年を＿＿＿＿　＿★＿　＿＿＿＿　＿＿＿＿ように感じる。
　1　取るごとに　　2　きている　　3　物忘れが　　4　ひどくなって

10 100万円当たりました。まさか＿★＿　＿＿＿＿　＿＿＿＿　＿＿＿＿でした。
　1　していません　2　宝くじに当たる　3　想像すら　　4　なんて

11 20歳に＿＿＿＿　＿＿＿＿　＿★＿　＿＿＿＿できません。
　1　ことは　　　　　　　　　　　2　飲酒したり
　3　なってからでないと　　　　　4　喫煙したりする

12 ジムで毎日＿＿＿＿　＿＿＿＿　＿★＿　＿＿＿＿さわやかさが違うんだ。
　1　次の日の朝　　　　　　　　　2　汗を流すのと
　3　起きた時の　　　　　　　　　4　流さないのとでは

13 あそこのスーパーの方が安いんですけど、＿＿＿＿　＿＿＿＿　＿★＿　＿＿＿＿。
　1　行こうとは　　2　乗ってまで　　3　思いません　　4　自転車に

14 売り上げが伸びないので、＿＿＿＿　＿＿＿＿　＿＿＿＿　＿★＿ですよ。
　1　会社　　　　2　借金だらけの　　3　収支は　　4　赤字で

15 日本語能力試験N2に何回も落ちていますが、あきらめる＿＿＿＿　＿＿＿＿　＿★＿　＿＿＿＿。
　1　います　　　2　続けて　　3　勉強を　　4　ことなく

16 あの方は＿＿＿＿　＿★＿　＿＿＿＿　＿＿＿＿そうですよ。
　1　経験が　　　2　皆から　　3　頼られている　　4　豊富なだけに

합격 공략 | 실전 연습 05

問題9　次の文章を読んで、文章全体の内容を考えて 17 から 21 の中に入る最もよいものを、1・2・3・4から一つ選びなさい。

　　日本列島には地震の発生しない所はない。どこにいても地震を避けることはできない。そこで普段からの備えと心構えが 17 。

　　まず、備えだが、水と食べ物は最低でも三日分は準備しておこう。 18 携帯ラジオや懐中電灯なども必要だが、今までの大地震で分かったことは、乾電池も多めに準備しておくということだ。

　　大地震発生 19 慌てないことが重要だ。緊急時に落ち着いて行動しなくてはならないということは、頭では分かっているが、パニック状態になってしまう。一旦地震が発生したら、落ち着いて玄関や事務所のドアを開け避難口を確保し、それから机などの下に入り頭を保護する。ガスは自動で止まるので、ガスレンジの火を消す必要はない。そして地震の揺れが完全に止まったら、電気のブレーカーを落としてから避難を開始する。避難をしている時は「おかし」を守ろう。「おさない。かけない。しゃべらない。」だ。

　　 20 外出中に大地震が起こったら、近くのビルや地下街に入るのが比較的に安全だとされている。外にいると何が落ちてくるかわからないので、ひとまずかばんや腕で頭を保護しながら建物の中に入ろう。関東地方でも記録上80年から90年ごとに関東地方を震源とする大地震が起こっている。1855年の安政の大地震、1923年の関東大地震などがある。以降、大きな地震はない。そろそろ起こっても 21 。

　　私達は地震を避けることはできない。だから日ごろからの地震に対する備えと心構えが必要なのだ。

17
1 必要な思いをする　　　　2 必要なわけではない
3 必要になってくる　　　　4 必要とは思えない

18
1 これから　　2 それに　　3 あそこで　　4 どっちも

19
1 の際には　　2 にせよ　　3 としたら　　4 の上に

20
1 万一(まんいち)　　　　　　　2 それにもかかわらず
3 めったに　　　　　　　　4 こつこつ

21
1 おかしくてならない　　　　2 おかしくない時期(じき)だ
3 おかしくないものではない　4 おかしいではないか

합격 공략 | 필수 문형 3

076

~どころか　~은커녕, ~은 물론

접속 | 명사/동사・い형용사・な형용사의 명사 수식형

「A+どころか+B」의 형태로 A는 물론이고 B도 그러하다는 의미이다. 또한 A와 정반대되는 내용이 B에 와서 예상이나 기대에 반하는 사실을 말할 때 사용하기도 한다.

この店はまずいどころか、接客態度も悪い。
이 가게는 맛없는 것은 물론 접객 태도도 나쁘다.

その対策は役に立つどころか、全然効果がなかった。
그 대책은 도움이 되기는커녕 전혀 효과가 없었다.

貯金どころか、借金ばかり抱えている。
저금은커녕 빚만 끌어안고 있다.

✓ **체크**　連休中はゆっくり休む(① どころか　② ためか)ずっと仕事をしていた。

077

~とはいえ　~라고는 하지만, ~이기는 해도

접속 | 명사・동사・い형용사・な형용사의 보통형
유사표현 | ~といっても　~라 하더라도

앞의 내용이 사실임을 인정한 뒤에 그에 대한 어떤 문제점이나 정보 등을 추가하고 그것에 대해 말하는 사람의 판단이나 의견을 나타내는 역접 표현이다. 명사와 な형용사 현재형의「だ」는 생략하는 경우가 많다.

品質に優れているとはいえ、値段が高すぎる。
품질이 뛰어나다고는 해도 가격이 지나치게 비싸다.

異常気象とはいえ、猛暑が1か月も続いたらもう耐えられない。
이상 기후라고는 해도 폭염이 1개월이나 계속되면 더는 견딜 수 없다.

反対意見は一部にすぎないとはいえ、無視することはできない。
반대 의견은 일부에 지나지 않는다고는 하지만 무시할 수는 없다.

✓ 체크   大学生(① とはいえ　② からして)、分数の割り算もできない。

078

どれだけ・どんなに・どれほど〜か 얼마나 〜인지

접속 | 동사・い형용사・な형용사의 보통형 등

부사「どんなに 아무리, 얼마나」・「どれだけ・どれほど 얼마만큼, 얼마나」를 사용하여 말하고자 하는 내용을 강조할 때 사용한다.

どれだけ苦労したか説明しても分からないだろう。
얼마만큼 고생을 했는지 설명해도 모를 것이다.

今どんなに恵まれた環境にいるのかやっと気づいた。
지금 얼마나 풍족한 환경에 있는 것인지 겨우 알게 되었다.

ウェンブリー公演でBTSがどれほど人気が高いか実感できた。
웸블리 공연으로 BTS가 얼마나 인기가 많은지 실감할 수 있었.

✓ 체크   このチャンスを_____ _____ ★ _____だろう。
　　　　① 君は　　② 待っていたか　　③ どれだけ　　④ 知らない

079

～ないことには　～하지 않으면

접속 | 명사・동사・い형용사・な형용사의 ない형

어떤 동작을 하지 않거나 특정한 상황이 되지 않으면 원하는 내용이 실현되지 않는다는 조건 표현이다. 「～なければ ・～なくては ～하지 않으면」과 같은 의미이다.

応募しないことには、当たることなんてないでしょうが。
응모하지 않으면 당첨되는 일 같은 건 없을 텐데요.

国会の承認がないことには、法的効力は認められない。
국회의 승인이 없으면 법적 효력은 인정되지 않는다.

専門家でないことには、技術的なトラブルに対応できない。
전문가가 아니면 기술적인 트러블에 대응할 수 없다.

✓ 체크　生きてみない(① わけでは　② ことには)分からないのが人生でしよう。

080

～ないですむ・～なくてすむ・～ずにすむ
～하지 않고 끝나다, ～하지 않고 해결되다

접속 | 동사의 ない형

동사「済む 끝나다, 해결되다」를 활용한 문형으로, 해야 한다고 예상했던 일을 하지 않아도 그 일이 무사히 해결된다는 의미이다.

前もって予約しておいたおかげで、並ばないですんだ。
미리 예약해 둔 덕분에 줄을 서지 않아도 되었다.

<ruby>親<rt>おや</rt></ruby>のアドバイスを聞いたら、こんな<ruby>面倒<rt>めんどう</rt></ruby>なことにならなくて<ruby>済<rt>す</rt></ruby>んだのに。
부모님의 충고를 들었다면 이런 귀찮은 일이 되지 않고 해결되었을 텐데.

これくらいの<ruby>金額<rt>きんがく</rt></ruby>の物なら<ruby>税金<rt>ぜいきん</rt></ruby>を<ruby>払<rt>はら</rt></ruby>わずにすむと思う。
이 정도 금액의 물건이라면 세금을 내지 않아도 될 거라 생각한다.

✓ 체크   カーナビのおかげで、_____ _____ ★ _____ 。
① すんだ　　② <ruby>道<rt>みち</rt></ruby>に　　③ <ruby>外国<rt>がいこく</rt></ruby>でも　　④ <ruby>迷<rt>まよ</rt></ruby>わずに

081

～ないではいられない・～ずにはいられない

～하지 않을 수 없다

접속 | 동사의 ない형

어떤 동작을 하고 싶다는 마음이 강해서 자연스럽게 그렇게 하게 되었다는 의미이다. 말하는 사람의 생각·느낌·행동 등을 표현하므로 3인칭 문장에서는 「～のだ」·「～ようだ」·「～らしい」 등과 함께 사용해야 한다.

ジンド<ruby>犬<rt>けん</rt></ruby>を見たら、とてもかわいくて<ruby>愛<rt>あい</rt></ruby>さないではいられないだろう。
진돗개를 보면 정말 귀여워서 사랑하지 않을 수 없을 거라고 생각해.

<ruby>修二<rt>しゅうじ</rt></ruby><ruby>君<rt>くん</rt></ruby>の<ruby>急<rt>きゅう</rt></ruby>な<ruby>告白<rt>こくはく</rt></ruby>に<ruby>驚<rt>おどろ</rt></ruby>かずにはいられなかった。
슈지 군의 갑작스러운 고백에 놀라지 않을 수 없었다.

彼女のわがままな<ruby>行動<rt>こうどう</rt></ruby>を見て<ruby>文句<rt>もんく</rt></ruby>を言わずにはいられない。
그녀의 제멋대로인 행동을 보고 불만을 말하지 않을 수 없다.

✓ 체크   この<ruby>小説<rt>しょうせつ</rt></ruby>を読んだら、_____ _____ ★ _____ 。
① <ruby>感動<rt>かんどう</rt></ruby>しないでは　② だろう　③ いられない　④ 誰でも

082

～なくはない/～なくもない/～ないでもない

～하지 않는 것은 아니다/～하지 않는 것도 아니다

● 접속 | 동사의 ない형

상황에 따라서는 그럴 가능성도 있다고 하는 이중 부정 표현으로, 단정적으로 말하는 것을 피해 소극적으로 긍정할 때 사용한다.

あなたが本気で謝るんだったら、許さなくはないです。
당신이 진심으로 사과한다면 용서할 수 없는 것은 아닙니다.

何か希望が見えてくるような気がしなくもない。
무언가 희망이 보이는 것 같은 느낌이 들지 않는 것도 아니다.

どうしようもないあなたの立場も分からないでもない。
어쩔 수 없는 당신의 입장도 이해할 수 없는 것도 아니다.

✓ 체크　あの人の育った環境を考えると理解(① できてならない　② できなくはない)。

083

～なりに/～なりの　～나름대로/～나름대로의

● 접속 | 명사/동사·い형용사의 명사 수식형

결점이나 한계를 인정하고 완벽하지는 않지만 어느 정도 만족한다는 의미이다.

僕だって僕なりの事情があるから、そんなに責めないでくれ。
나도 내 나름의 사정이 있으니까 그렇게 몰아붙이지 마.

弟は足が遅いが、遅いなりに全力で走った。
남동생은 발이 느리지만 느린 나름대로 온 힘을 다해 달렸다.

負けたら負けた**なりに**、反省すべきところはあるでしょう。
졌으면 진 나름대로 반성할 점은 있을 것이다.

✓ 체크　　それは私（① なりに　② ながらに）よく考えた末の結論です。

084

〜なんて　〜하다니

- 접속 | 명사 · 동사 · い형용사 · な형용사의 보통형
- 유사표현 | 〜とは 〜하다니

뜻밖의 사실에 대한 놀람이나 감탄을 나타내는 표현이다.

一日も欠かさずヨガをする**なんて**、すごいですね。
하루도 빠트리지 않고 요가를 하다니 대단하네요.

お酒がなくてはダメだ**なんて**、アルコール中毒ですよ。
술이 없으면 안 된다라니 알코올 중독이에요.

人を肌の色で差別する**なんて**あってはならないことだ。
사람을 피부색으로 차별하다니 있어서는 안 되는 일이다.

✓ 체크　　弱い者いじめをする（① なんて　② ながらも）人間として許せない行為だ。

085

～に限る ～가 제일이다, ～가 최고이다

● 접속 | 명사/동사의 사전형・ない형

주어진 상황에서 이것이 가장 좋은 선택이나 방법이라고 하는 의미이며, 말하는 사람의 개인적인 의견이므로 객관적으로 판단해야 할 때는 사용할 수 없다.

正体不明の物には近寄らないに限る。
정체불명의 물건에는 다가가지 않는 것이 제일 좋다.

風邪を引いた時はビタミンを取ってゆっくり休むに限る。
감기에 걸렸을 때는 비타민을 섭취하고 푹 쉬는 게 제일이다.

暑くてじめじめする夏には冷たいビールに限る。
덥고 끈적끈적한 여름에는 차가운 맥주가 최고이다.

✓ 체크   ストレスがたまった時は、友達としゃべるに(① 当たる ② 限る)。

086

～に先立って・～に先立ち ～에 앞서서

● 접속 | 명사/동사의 사전형

어떤 일을 하기 전에 그 준비 과정으로 다른 일을 미리 해 둔다는 의미이다. 동사 「先立つ 앞서다」를 활용한 문형으로, 「～に先立つ+명사 (～에 앞선)」의 형태로 명사를 수식한다.

オリンピックの開幕に先立ち、各国の選手たちが来日した。
올림픽 개막에 앞서서 각국의 선수들이 일본을 방문했다.

映画を一般に公開するに先立って、試写会が開かれた。
영화를 일반에 공개하기에 앞서 시사회가 열렸다.

新製品の発売に先立って、無料体験イベントを実施している。
신제품을 발매하기에 앞서서 무료 체험 이벤트를 실시하고 있다.

✓ 체크　開発する(① に従って　② に先立って)、環境アセスメントを行う。

087

〜にしたら・〜にすれば　~로서는, ~입장에서는

접속 | 명사

어떤 사람의 입장에서 생각하거나 말할 때 사용하는 표현이다.

彼女にしたら優勝しないといけないというプレッシャーで大変だっただろう。
그녀로서는 우승하지 않으면 안 된다라는 압박감으로 힘들었을 것이다.

夜型人間の私にすれば朝早い仕事は無理だと思う。
올빼미형 인간인 내 입장에서는 아침에 일찍 일어나는 일은 무리라고 생각한다.

簡単なことでも、初心者にしたら相当難しいかもしれない。
간단한 일이라도 초보의 입장에서는 상당히 어려울 수도 있다.

✓ 체크　外国人(① にしたら　② にするなら)理解できない日本文化もあるはずだ。

088

〜にしては 〜치고는

- 접속 | 명사·동사·い형용사·な형용사의 보통형 (명사·な형용사의 현재형 だ)
- 유사표현 | 〜わりには 〜치고는

예상하거나 기대했던 결과가 실제로는 그렇지 않아서 뜻밖이라는 의미이다. 다른 사람을 비판할 때 자주 사용된다.

毎日運動しているにしては、あまり筋肉はついていない。
매일 운동하고 있는 것치고는 별로 근육은 없다.

彼は頭の回転が早いにしては、成績はよくない。
그는 머리가 좋은 것치고는 성적은 좋지 않다.

ゴールデンウィークの初日にしては、あまり混雑していない。
골든 위크의 첫날치고는 별로 혼잡하지 않다.

✓ 체크   有名な歌手の_____ ★ _____ _____集まらなかった。
　　　　① あまり　　② コンサート　　③ 人が　　④ にしては

089

〜に違いない 〜임에 틀림없다, 〜임이 분명하다

- 접속 | 명사·동사·い형용사·な형용사의 보통형(명사·な형용사의 현재형 だ)
- 유사표현 | 〜に相違ない 〜임에 틀림없다, 〜임이 분명하다

동사「違う 다르다」를 활용한 문형이며, 어떠한 근거를 바탕으로 말하는 사람이 강하게 확신하여 말할 때 사용한다. 자신의 추측을 스스로 확인하고 납득하는 경우나 마음 속의 생각 등을 표현하는 혼잣말에 주로 사용한다.

少子高齢化はどの国でも深刻な問題であるに違いない。
저출산 고령화는 어느 나라에서나 심각한 문제임이 틀림없다.

時間に厳しい彼のことだから、時間通りに来るに違いない。
시간에 엄격한 그이니까 시간대로 올 것이 분명하다.

話を聞いていると、彼にもいい方法がないに違いない。
이야기를 듣고 있으면 그에게도 좋은 방법이 없는 것이 틀림없다.

- 체크 外国で一人で暮らすことは寂しい(① に限らない ② に違いない)。

090

～に次いで/～に次ぐ ～다음으로, ~에 뒤이어서/~에 버금가는

접속 | 명사

(1) 어떤 일의 순서를 말할 때 사용한다.
(2) '등급이나 수준이 최고의 다음이 되다' 라는 의미이다.
(3) 같은 단어를 두 번 써서 어떤 상황이 반복적으로 더해감을 이룰 때 사용한다. 동사「次ぐ 뒤따르다, 다음가다, 버금가다」를 활용한 문형이다.

横浜は東京に次いで日本第2位の人口を有している。
요코하마는 도쿄에 이어서 일본 제 2위의 인구를 가지고 있다.

彼はプロ選手に次ぐボーリングの実力を持っている。
그는 프로선수에 버금가는 볼링 실력을 가지고 있다.

逆転に次ぐ逆転のレースで1位にのぼった。
역전에 역전을 거듭한 경주로 1위에 올랐다.

- 체크 カナダに(① つけて ② ついで)ゴールインしたのは韓国の選手だった。

워밍업

1 한국어 해석을 참고로 괄호 안에 들어갈 말로 알맞은 것을 고르세요.

1. 美月さんは静かな(　　)すごくしゃべりますよ。
   미쓰키 씨는 조용하기는커녕 엄청 떠들어요.

2. 山田さんは経験が少ない(　　)努力している。
   야마다 씨는 경험이 적은 나름대로 노력하고 있다.

3. 暑い日はクーラーの効いたうちの中にいる(　　)。
   더운 날은 에어컨을 켠 집 안에 있는 것이 제일이다.

4. 講演(　　)講師の紹介があった。 강연에 앞서서 강사 소개가 있었다.

5. 私(　　)これくらいは朝飯前ですよ。 내 입장에서는 이 정도는 식은 죽 먹기입니다.

6. 中学生(　　)相当物知りだね。 중학생 치고는 상당히 박식하네.

7. まずく(　　)んだけど、おいしくもないよね。 맛없지는 않지만 맛있지도 않아.

8. 国民の義務(　　)、税金はなるべく納めたくないですね。
   국민의 의무라고는 해도 세금은 될 수 있는 한 납부하고 싶지 않네요.

9. 他人の悪口を言う(　　)、ひどい人ですね。 타인의 험담을 하다니 형편없는 사람이네요.

10. 彼の実力なら、東北大学に合格する(　　)。
    그의 실력이라면 도호쿠 대학에 합격할 것이 틀림없다.

---

① なりに　　② にしては　　③ に限る　　④ に違いない　　⑤ にしたら
⑥ に先立って　⑦ なくはない　⑧ なんて　　⑨ どころか　　⑩ とはいえ

2 힌트를 참고로 괄호 안에 들어갈 알맞은 문형을 찾아 쓰세요.

11. 森さん(　　)次いで、林さんの発表です。

12. 仕事し(　　)すむなら、そうしたいよ。

13. この映画を見てごらん。泣かない(　　)いられないよ。

14. 給料が高い(　　)いえ、あの企業では働きたくない。

15. 今日の飲み会、仕事が片付けば行け(　　)ないんだけど。

> **힌트**
> ① は　② に　③ が　④ も　⑤ では
> ⑥ には　⑦ とは　⑧ ずに　⑨ なくて　⑩ なくも

3 다음 문장을 잘 읽고 괄호 안에 들어갈 말로 알맞은 것을 고르세요.

16. 日本語が出来ない(① ことには　② ものには)、いい仕事が見付けられない。

17. やっとバスがきた。(① これだけ　② どれだけ)待ったことか。

18. あそこの店のケーキは、(① それなりの　② あれなりの)味ですよ。

19. スペイン語は始めたばかり(① では　② にしては)発音がいいね。

20. 一家そろって世界一周旅行だ(① なんか　② なんて)うらやましい。

> **정답**
> 1 ⑨　2 ①　3 ③　4 ⑥　5 ⑤　6 ②　7 ⑦　8 ⑩　9 ⑧　10 ④
> 11 ②　12 ⑨　13 ⑤　14 ⑦　15 ⑩　16 ①　17 ②　18 ①　19 ②　20 ②

합격 공략 | 실전 연습 06

問題7　次の文の（　　　）に入れるのに最もよいものを、1・2・3・4から一つ選びなさい。

1　彼女に謝ろうと電話を掛けたんですけど、（　）出てもくれないんですよ。
1　話したところ　　　　　　　　2　話したばかりで
3　話さないことには　　　　　　4　話すどころか

2　大学時代、法律を（　）、法律の「ほう」の字も覚えていないんですよ。
1　学ぶどころか　2　学んだとはいえ　3　学んだなりに　4　学ぶなんて

3　こんな時間まで、どこで遊んでいたの。ママが（　）、あなたは分かっているの。
1　これだけ探したか　　　　　　2　それなりの親でも
3　どんなに心配したか　　　　　4　あんなに分析しても

4　あんなに頭の固い人とは（　）。
1　関わりがちだよ　　　　　　　2　関わらないに過ぎないよ
3　関わらないに限るよ　　　　　4　関わりきれるよ

5　実験の授業をする（　）、先生は、生徒に注意事項を話した。
1　に先立ち　　2　にしたら　　3　により　　4　にかけては

6　1か月にわたるヨーロッパ旅行をする（　）、荷物が少なくないか。
1　にしては　　2　にすれば　　3　に次いで　　4　に応じて

7　校則を破ってバイトをするような生徒ではない。きっと経済的な理由が（　）。
1　あるに限る　2　あってならない　3　あったに違いない　4　ありようがない

8　うちの子は来年中学受験を控えているのですが、親としても（　）にはいられませんよ。
1　悩む　　2　悩まない　　3　悩まず　　4　悩みがない

問題8　次の文の___★___に入る最もよいものを、1・2・3・4から一つ選びなさい。

9　あのお店の_____ _____★_____ _____。
　　1　おいしいなんて　2　ラーメンが　　3　君の味覚は　　4　おかしいよ

10　夏休みに北海道に行ってきたんだけど、_____ _____ _____★_____よ。
　　1　ひどい　　　　2　暑さでした　　3　毎日30度以上で　4　涼しいどころか

11　来週の月曜日までに、この報告書を_____ _____★_____ _____できるのに。
　　1　提出せずに　　2　週末、彼女と　3　デートが　　　4　すむなら

12　日本で生活がしたいんですけど、_____★_____ _____ _____んですよ。
　　1　書類審査が　　2　下りない　　　3　通らないことには　4　ビザが

13　授業中に地震があった時、私「キャー」って悲鳴を上げちゃったの。でも何事もなく授業は進んでいたよ。日本人_____ _____ _____★_____ないみたいだよ。
　　1　地震は　　　　2　にすれば　　　3　あれくらいの　　4　大したことは

14　「野原さんって美人ですよね。」
　　「確かに美人ですよね。ところで妹さんがいらっしゃるんですって。」
　　「え、そうなんですか。_____ _____★_____ _____よ。」
　　1　美しいに違いありません　　　　2　妹さんも
　　3　お姉さんが　　　　　　　　　　4　美人だから

15　東京から南に10,000kmの所にある西之島は、_____ _____ _____★_____しまった。
　　1　大きく変わって　2　噴火で　　　3　地形が　　　　4　噴火に次ぐ

16　カラオケには、誰かに誘われたら_____ _____ _____★_____思わないですね。
　　1　ないんですが　　2　行かないでも　3　自分からは　　4　行こうとは

합격 공략 | 실전 연습 06

問題 9 次の文章を読んで、文章全体の内容を考えて　17　から　21　の中に入る最もよいものを、1・2・3・4から一つ選びなさい。

　ガンビアの首都から約400キロ離れた小さな村で、私は生まれ育った。地域で唯一のキリスト系学校に通う恵まれた子どもの一人で、学校で配られる朝食が楽しみだった。大体、トウモロコシや豆の粉を水でといたおかゆか、ピーナッツを入れた米のおかゆだった。

　学校は読み書きを学ぶだけの場ではなかった。給食のおかげで、私は学校にいる間は空腹に　17　。給食は心身共に成長に必要な栄養を与え、勉強に集中することに役立った。特に恵まれない子どもたちにとっては、給食の恩恵は大きい。

　ガンビアでは今、13万人以上の子どもが温かい給食を食べている。　18　約2万人分は政府が、残りは国連世界食糧計画（ＷＦＰ）がそれぞれ提供している。ＷＦＰは長年にわたって我が国の学校給食を支援しているが、将来的には政府が自力で、全土で給食を展開することを目指している。

　給食には、いろんな展開方法がある。　19　、子どもたちが校内の畑で野菜を育てて農業の楽しさを知ったり、給食を供給するベンチャービジネスの設立につなげたりできるだろう。そうなれば、学校を出た若者の雇用の場にもなる。

　私は大統領として、農業や教育、観光など各部門が長期的利益をもたらし、持続的に発展する社会を作りたいと思っている。そのためには、地元の小規模農家から給食の食材を買うことも必要だ。この「地産地消型給食モデル」は、自立した地域社会を作り、十分な栄養と教育を得た子どもたちが、貧困の悪循環から　20　。

（中略）

　大人になった今、給食に含まれる栄養の大切さに気づかされる。アフリカの人々　21　重要な投資の一つとして、私は給食を提唱する。その拡大のため、ガンビア政府は18年から19年にかけて240万ドル（約2億5500万円）以上の予算を割き、さらに力を注ぐつもりだ。地産地消型給食モデルがもたらす恩恵は、非常に大きいと確信している。

17
1 悩まされずにすんだ　　　　　　2 悩まなくもなかった
3 悩まずにいられなかった　　　　4 悩まされるおそれがあった

18
1 このうち　　2 それから　　3 あの中で　　4 どれでも

19
1 どうせ　　2 とっくに　　3 例えば　　4 ただし

20
1 乗り遅れるかもしれない　　　　　2 落ち始めると思われる
3 抜け出すことにもつながるだろう　4 受け取りようがない

21
1 に達する　　2 に対する　　3 に次いで　　4 にしては

합격 공략 | 필수 문형 4

091

～に伴(ともな)って　～(함)에 따라서, ～와 함께, ～하면서

접속 | 명사/동사의 사전형

유사표현 | ～につれて/～にしたがって ～(함)에 따라서

동사 「伴う」를 활용한 문형으로, 어떤 변화가 생기는 것으로 인해 다른 변화도 함께 발생한다는 의미이다. 「～に伴う＋명사 (～에 동반한)」의 형태로 명사를 수식한다. 어떠한 일이 원인이 되어 그러한 결과가 되었다고 하는 변화의 결과를 나타내는 의미도 있다.

高齢化(こうれいか)が進(すす)むに伴(ともな)って、介護施設(かいごしせつ)も不足(ふそく)してきている。
고령화가 진행됨에 따라서 요양 시설도 부족해지고 있다.

父(ちち)の転勤(てんきん)に伴(ともな)って、引(ひ)っ越(こ)しすることになった。
아버지의 전근과 함께 이사하게 되었다.

妊娠(にんしん)に伴(ともな)う体(からだ)の変化(へんか)について説明(せつめい)します。
임신에 동반되는 몸의 변화에 대해서 설명하겠습니다.

✓ 체크 年を取る(① に伴(ともな)って　② に沿(そ)って)、筋肉量(きんにくりょう)も減少(げんしょう)します。

092

～に向(む)けて　～을 향해, ～을 목표로

접속 | 명사

동사 「向ける 향하게 하다」를 활용한 문법으로 방향·목적지·목표·상대 등을 나타내는 표현이다.

デモ隊(たい)は国会議事堂(こっかいぎじどう)に向(む)けて歩(ある)き出(だ)した。
시위대는 국회의사당을 향해서 걷기 시작했다.

年内の復帰に向けて、リハビリに励んでいる。
연내 복귀를 목표로 재활 치료에 힘쓰고 있다.

大統領は全世界に向けて平和へのメッセージを発信した。
대통령은 전 세계를 향해 평화를 향한 메시지를 발신했다.

✓ 체크　パパラッチに(① 向いて　② 向けて)怒りのコメントを浴びせた。

093

〜のみならず・〜のみか　〜뿐만 아니라

접속 | 명사(である)/な형용사의 어간(である)/동사・い형용사의 명사수식형

제시하는 내용 이외의 다른 부분까지도 영향을 미친다는 의미이다. 「〜だけではなく」・「〜ばかりではなく」・「〜ばかりか」와 같은 의미의 표현이다.

森田は遅刻が多いのみならず、授業での態度も悪い。
모리타는 지각이 많을 뿐 아니라 수업에서의 태도도 나쁘다.

この歌はアジアのみならず、世界中で歌われる名曲です。
이 노래는 아시아뿐만 아니라 온 세계에서 불리는 명곡입니다.

彼女は英語が話せるのみか、深い専門知識も持っている。
그녀는 영어를 말할 수 있을 뿐만 아니라 깊은 전문 지식도 가지고 있다.

✓ 체크　観光(① のみで　② のみならず)、パリのおすすめ情報も入手できる。

094

～は(や)しない/～もしない   ～하지는 않는다/～하지도 않는다

● 접속 | 동사의 ます형

어떤 동작을 하지 않거나 또는 상태가 그렇지 않다고 강조하여 말할 때 사용한다.

君が隣にいてくれたことを僕は忘れはしないだろう。
당신이 옆에 있어 준 것을 나는 잊지는 않을 것이다.

この作品の続きが気になって今夜は眠れやしない。
이 작품의 후반부가 궁금해서 오늘밤은 잠들 수는 없을 것 같다.

周りにさんざん迷惑をかけたのに、彼は謝りもしない。
주변에 엄청 폐를 끼쳤으면서 그는 사과도 하지 않는다.

✓ 체크 ＿＿＿ ＿＿＿ ★ ＿＿＿ 、知ったかぶりをしている。

① よく   ② くせに   ③ 知りも   ④ しない

095

～はともかく・～はとにかく/～ならともなく

～은 어찌됐든/～라면 모르겠지만

● 접속 | 명사/かどうか

앞의 내용도 그러하지만 뒤에서 말하는 내용이 더 우선이라는 강조 표현이다. 「～はともかくとして」의 형태로도 사용한다. 「～ならともなく」는 명사・동사・い형용사・な형용사의 보통형에 접속한다.(명사・な형용사의 현재형 だ)

優勝はともかくせめてベスト 4 には入りたいと思う。
우승은 그렇다 치더라도 적어도 4강에는 들고 싶다고 생각한다.

パーティーで着るならともかく、普段はこんな派手な服は着られない。
파티에서 입을 거라면 모르지만 평소에는 이런 화려한 옷은 못 입는다.

理由はともかく、人を殴ったりいじめたりしてはいけない。
이유는 어찌 됐든 사람을 때리거나 괴롭혀서는 안 된다.

✅ 체크 _____ ★ _____ _____、最後まで頑張りたい。
① ともかく　　② 勝つか　　③ どうかは　　④ として

096

～ほか(は)ない　～할 수밖에 없다

접속 | 동사의 사전형

유사표현 | ～しかない ～할 수밖에 없다

어떤 사정이나 이유가 있어서 취할 수 있는 방법이 이것밖에 없다는 의미이다.
「～よりほかない・～ほかしかたがない」와 같은 형태로도 사용된다.

軍隊では上司の命令は従うよりほかない。
군대에서는 상사의 명령은 따를 수밖에 없다.

年齢制限があるから、今度は諦めるほかない。
연령 제한이 있기 때문에 이번에는 포기할 수밖에 없다.

電車が故障で止まったから、歩いて行くほかない。
전철이 고장 나서 멈췄기 때문에 걸어갈 수밖에 없다.

✅ 체크　確証がないから、彼の話を信じる(① ほかない　② がたい)。

097

～まい　~하지 않겠다, ~하지 않을 것이다

- 접속 | 1그룹 동사의 사전형/2그룹 동사 사전형·ます형

절대로 그렇게 하지 않겠다는 '부정 의지'와 아마도 그렇지 않을 것이라는 '부정 추측'의 두 가지 의미가 있다. 「する」는 「するまい/すまい」, 「来る」는 「くるまい/こまい」로 접속한다.

確かな証拠を見せない限り、誰も信じてくれまい。
확실한 증거를 보이지 않는 한 누구도 믿어 주지 않을 것이다.

仕方がないから、今は黙って待つしかあるまい。
방법이 없으니까 지금은 잠자코 기다릴 수밖에 없을 것이다.

あの人とはかかわるまいと決めていたが、また振り回されている。
그 사람과는 엮이지 않을 것이라고 결심했는데 또 휘둘리고 있다.

- 체크　戦争の記憶を風化(① させものか　② させまい)。

098

～もの・～もん　~거든, ~란 말이야

- 접속 | 명사·동사·い형용사·な형용사의 보통형

개인적인 이유를 설명하거나 변명할 때 사용하는 표현이며, 주로 여성들이 사용한다. 편한 사이에서는 「もん」의 형태로 자주 쓴다.

A「今まで起きていたの？」 "아직까지 안 잤어?"
B「最近、不眠症でよく寝られないもの。」 "요즘에 불면증이라 잠을 잘 못 자거든."

借金が多いんだもの。会社が辞められるわけないでしょう。
빚이 많단 말이야. 회사를 그만둘 수 있을 리가 없잖아.

一人で行けるよ。周りに迷惑をかけたくないもん。
혼자서 갈 수 있어. 주위에 폐를 끼치고 싶지 않거든.

✅ 체크 「顔色が悪いね。」
「いろいろとストレスがたまっている(① こと　② もの)。」

099

~わけがない　~일 리가 없다

접속 | 명사・동사・い형용사・な형용사의 명사수식형(명사의 の → な)

유사표현 | はずがない ~일 리가 없다

비교적 확실한 근거를 가지고 그럴 가능성은 거의 없다고 강하게 부정할 때 사용하며, 말하는 사람의 주관적인 판단인 경우가 많다.

彼は日本に出張しているよ。参加できるわけないじゃない。
그는 지금 일본 출장 중이야. 참가할 수 있을 리가 없잖아.

毎日のように授業をサボっていては、成績がいいわけがない。
매일같이 수업을 빼먹어서는 성적이 좋을 리가 없다.

近くに繁華街もあるから、静かなわけがない。
근처에 번화가도 있으니까 조용할 리가 없다.

✅ 체크 宗教をめぐる問題には＿＿＿＿ ＿＿＿＿ ★ ＿＿＿＿。
① 結論など　　② ある　　③ 簡単な　　④ わけがない

100

～わけにはいかない　～할 수는 없다

접속 | 동사의 사전형・ない형

어떠한 동작을 하고 싶어도 사회적인 상식이나 통념, 또는 말하는 사람의 심리적인 이유로 그렇게 할 수 없다는 의미의 표현이다. 동사의 부정형에 접속하면 그렇게 하고 싶지만 위와 같은 이유로 그렇게 할 수밖에 없다는 의미가 된다.

この提案は店側としても損はないから拒否するわけにはいかない。
이 제안은 가게 측으로서도 손해는 없으니 거부할 수는 없다.

この状況だと辞退も考えないわけにはいかない。
이 상황이면 사퇴도 생각하지 않을 수 없다.

予算がないのでこの計画を予定通りに進めるわけにはいかない。
예산이 없기 때문에 이 계획을 예정대로 진행할 수는 없다.

체크　私の送別会だったから、お酒を飲まない(① わけには　② はずには)いかなかった。

101

～をきっかけに・～を契機に　～을 계기로

접속 | 명사

어떤 일이나 사건이 다른 일의 기회・동기・원인・계기가 된다는 의미이다.

ダンス教室での出会いをきっかけに、あの二人は結婚した。
댄스 교실에서의 만남을 계기로 저 두 사람은 결혼했다.

この事件を契機に過労死への社会的感心が高まっている。
이 사건을 계기로 과로사에 대한 사회적 관심이 높아졌다.

旅行をきっかけにドイツ語に興味を持つようになった。
여행을 계기로 독일어에 흥미를 가지게 되었다.

✅ 체크   偶然、聞いた歌を(① ついでに ② きっかけに)、彼のファンになった。

102

～を込めて   ~을 담아서, ~을 다해서

접속 | 명사

사랑·바람·마음·원한·감사 등의 감정을 담아 어떤 행동을 한다는 의미이다. 「～をこめた＋명사(~을 담은)」・「～のこもった＋명사(~이 담긴)」의 형태로 명사를 수식한다. 예 心のこもったプレゼントはうれしい。 마음이 담긴 선물은 기쁘다.

先生に感謝の思いを込めて手紙を書きました。
선생님에게 감사의 마음을 담아서 편지를 썼습니다.

愛情と情熱を込めて作った作品です。
애정과 정열을 담아서 만든 작품입니다.

多くの願いと祈りを込めて「平和の森」と名付けました。
많은 바람과 기원을 담아 '평화의 숲'이라고 이름 지었습니다.

✅ 체크   これはおばあちゃんが_____ _____ ★ _____セーターだ。
         ① 込めて   ② 編んで   ③ 心を   ④ くれた

103

～を問(と)わず　～을 불문하고

- 접속 | 명사
- 유사표현 | ～にかかわらず

앞에서 제시하는 내용이 어떠한 판단이나 결정에 영향을 미치지 않는다는 의미이다. 문장체 표현으로, 「昼夜」·「男女」·「多少」 등의 대립되는 내용의 표현과 함께 쓰는 경우가 많다.

京都(きょうと)は季節(きせつ)を問(と)わず、大勢(おおぜい)の観光客(かんこうきゃく)が訪(おとず)れてくる。
교토는 계절을 불문하고 많은 관광객이 찾아온다.

彼女は昇進(しょうしん)のために昼夜(ちゅうや)を問(と)わず働(はたら)いている。
그녀는 승진을 위해서 주야를 불문하고 일하고 있다.

この歌(うた)は年齢(ねんれい)・性別(せいべつ)を問(と)わず多くの人に歌われている。
이 노래는 연령·성별을 불문하고 많은 사람들에게 불려지고 있다.

✓ 체크　老若男女(ろうにゃくなんにょ)(① を問(と)わず　② にもかかわらず)誰(だれ)でも参加(さんか)できます。

104

～をはじめ(として)　～을 비롯하여

- 접속 | 명사

하나의 대표적인 예를 들고 다른 예들을 나열할 때 사용한다. 대표적으로 예를 든 그것 외의 다른 부분들까지도 영향을 미친다는 의미도 있다. 「～をはじめとする(～을 비롯한)+명사」의 형태로 명사를 수식한다.

日本では森(もり)さんをはじめ多くの人にお世話(せわ)になりました。
일본에서는 모리 씨를 비롯해 많은 사람들에게 신세를 졌습니다.

九州には由布院をはじめとする有名な温泉街がたくさんある。
규슈에는 유후인을 비롯한 유명한 온천 마을이 많이 있다.

今日は大統領をはじめ、いろいろな政界人が参加した。
오늘은 대통령을 비롯해 다양한 정계 인사가 참가했다.

✅ 체크　京都には金閣寺(① をめぐり　② をはじめ)、古いお寺がたくさんある。

105

～をめぐって　～을 둘러싸고

접속 | 명사

논란이나 문제가 되고 있는 내용을 화제로 삼아 말할 때 사용한다. 동사「巡る 둘러싸다, 에워싸다」를 활용한 문형이며, 「～をめぐる＋명사 (～을 둘러싼)」의 형태로 명사를 수식한다.

ここの会計は誰がするかをめぐって、口論になっている。
이곳의 계산은 누가 할지를 둘러싸고 언쟁을 하고 있다.

地球温暖化をめぐり、さまざまな議論がなされている。
지구 온난화를 둘러싸고 다양한 논의가 이루어지고 있다.

ダム建設をめぐる反対運動が起こっている。
댐 건설을 둘러싼 반대 운동이 일어나고 있다.

✅ 체크　社長の発言(① をめぐって　② をかねて)、いろいろなうわさが流れている。

워밍업

1 한국어 해석을 참고로 괄호 안에 들어갈 말로 알맞은 것을 고르세요.

1. オリンピック(　　)スタジアムの建設が急ピッチで進められている。
   올림픽을 목표로 경기장 건설이 급속도로 진행되고 있다.

2. 明日からの出張に社長も行かない(　　)んですよ。
   내일부터 가는 출장에 사장님도 가지 않을 수는 없어요.

3. 大震災(　　)国民の防災意識が高まった。
   대지진을 계기로 국민의 방재 의식이 높아졌다.

4. ジャンル(　　)様々な音楽を聞いています。
   장르를 불문하고 다양한 음악을 듣고 있습니다.

5. エリックさんは、茶道(　　)多様な日本文化に触れています。
   에릭 씨는 차도를 비롯하여 다양한 일본 문화를 접하고 있습니다.

6. あの議員が不正をしない(　　)。 저 의원이 부정을 안 저지를 리가 없다.

7. 久米さんは歌が上手である(　　)、作詞や作曲もするんですよ。
   구메 씨는 노래를 잘하는 것뿐만 아니라 작사나 작곡도 합니다.

8. 憲法の改正(　　)与野党が対立を続けている。
   헌법 개정을 둘러싸고 여야당이 대립을 계속하고 있다.

9. そんな事、知らなかった(　　)。 그런 일 몰랐단 말이야.

10. 彼みたいなバカな男とは、もう連絡する(　　)と決めた。
    그와 같은 바보 같은 남자와는 이제 연락하지 않을 거라고 정했다.

---

① わけにはいかない　② をめぐって　③ まい　④ をはじめとして
⑤ もん　⑥ のみならず　⑦ に向けて　⑧ をきっかけに
⑨ を問わず　⑩ わけがない

2 힌트를 참고로 괄호 안에 들어갈 알맞은 문형을 찾아 쓰세요.

11. 私から愛( )込めて、このチョコレートを贈ります。

12. 増税( )伴う消費の冷え込みが心配されている。

13. 彼のことだから、自分の誤りを認め( )しないだろう。

14. 終電に乗り遅れたから、タクシーで帰る( )ありませんね。

15. ここで負けるわけ( )いかないんだ。

> **힌트**
> ① は ② に ③ を ④ で ⑤ から ⑥ より ⑦ には
> ⑧ では ⑨ ほかは ⑩ しては

3 다음 문장을 잘 읽고 괄호 안에 들어갈 말로 알맞은 것을 고르세요.

16. 失恋(① を契機に ② を込めて)髪をばっさりと切りました。

17. 結果(① はともかく ② なんて)やれるだけやってみよう。

18. 離婚(① をはじめとして ② に向けて)妻とは別居することにしました。

19. 両親の老後の世話を誰がするか(① にせよ ② をめぐって)兄弟げんかが絶えません。

20. こんな無理なお願いは断られても仕方(① あるまい ② ないまい)。

> **정답**
> 1 ⑦ 2 ① 3 ⑧ 4 ⑨ 5 ④ 6 ⑩ 7 ⑥ 8 ② 9 ⑤ 10 ③
> 11 ③ 12 ② 13 ① 14 ⑨ 15 ⑦ 16 ① 17 ① 18 ② 19 ② 20 ①

합격 공략 | 실전 연습 07

問題7 次の文の（　　　）に入れるのに最もよいものを、1・2・3・4から一つ選びなさい。

1 「え、明日の起床時刻は5時です。」
「先生、無理ですよ。そんなに早く（　　）よ。」
1　起きられるわけがありません　　2　起きかねません
3　起きないですみます　　　　　　4　起きるに限ります

2 大津波により、家（　　）肉親までもなくしました。
1　すら　　　2　ごとに　　　3　をきっかけに　　　4　のみか

3 子供が（　　）、前よりも教育費がかかるようになりました。
1　成長するなりの　　　　　　2　成長するにともなって
3　成長しないことには　　　　4　成長してからでないと

4 若い頃のように（　　）、もう70歳で体力がないから、富士山に登るのは無理だよ。
1　来ざるを得ないし　2　歩き次第　　3　元気ならともかく　4　体力のみならず

5 若林（　　）、当社は優秀な人材を多く抱えています。
1　すら　　　2　とはいえ　　　3　に先立って　　　4　をはじめ

6 2011年の東日本大震災の際の原発事故以来、原発（　　）議論が続いている。
1　を巡る　　　2　に応じて　　　3　として　　　4　のついでに

7 「よく食べるね。いくら食べ放題だからといっても、ちょっと食べ過ぎだよ。」
「だって、ここの食べ物、（　　）。」
1　まずいからね　　　　　　　　　2　食べるわけがないんだよ
3　うまく味付けができやしないよ　4　おいしいんだもの

8 「俺、こう見えても、高校時代女の子にもてたんだ。」
「そんな話、誰も（　　）。他では言わない方がいいよ。」
1　信じまい　　　2　信じるだろうか　　3　信じすぎるよ　　4　信じつつあるね

問題8 次の文の ＿＿★＿＿ に入る最もよいものを、1・2・3・4から一つ選びなさい。

⑨ 昨日、古川さんのうちに遊びに行ったんだけど、＿＿＿ ＿＿＿ ★ ＿＿＿だよ。

1　ひどいうち　　　2　お客さんにお茶すら　3　出しやしない　　4　あのうちは

⑩ 「お、山田。元気？」
「毎日11時まで残業しているんだから、＿＿＿ ＿＿＿ ★ ＿＿＿。」

1　わけがないでしょう　2　元気な　　　　3　疲れも　　　　4　たまっているし

⑪ 夕べ、一人で居酒屋に行ったんですけど、酔った＿＿＿ ★ ＿＿＿ ＿＿＿その人を殴ってしまったんです。

1　勢いで　　　　2　けんかになり　　3　隣の席の客と　　4　力を込めて

⑫ 語学は何度も間違いを＿＿＿ ＿＿＿ ★ ＿＿＿。近道などない。

1　ものである　　2　繰り返しながら　3　ほかない　　　4　覚えてゆく

⑬ 「今回の事は見逃してもらえませんか。」
「君、全然反省していないね。先月もうちのスーパーで＿＿＿ ＿＿＿ ★ ＿＿＿んだよ。」

1　万引きをしたし　2　許すわけには　　3　今回は　　　　4　いかない

⑭ 韓国人の友達が ＿＿＿ ★ ＿＿＿ ＿＿＿。

1　習い始めました　2　をきっかけに　　3　韓国語を　　　4　できたの

⑮ 最近はパソコンさえあれば、＿＿＿ ★ ＿＿＿ ＿＿＿になりましたね。

1　便利な時代　　2　を問わず　　　3　場所　　　　　4　仕事のできる

⑯ 部下の中川は＿＿＿ ＿＿＿ ★ ＿＿＿一人前なんですよ。

1　とにかく　　　2　どうかは　　　3　仕事ができるか　4　やる気だけは

합격 공략 | 실전 연습 07

問題9 次の文章を読んで、文章全体の内容を考えて 17 から 21 の中に入る最もよいものを、1・2・3・4から一つ選びなさい。

「道ばたに遺体がたくさん重なっていて、そばにいた4～5歳くらいの子を抱えて医者に 17 『飢えだ』って。置いていくことなんてできなかったよ。」

動画のなかで、90歳を超える女性が、自らが育て、後に日本へ帰国した孤児の記憶を語る。

「ご飯を食べさせて服もつくってあげた。どこへ行くのもいつも一緒だった。」と話す別の養母は、「会いたいですか。」と問われると「 18 よ。自分が産んだ子と同じだから、当たり前でしょう。」と答えた。

動画は昨年10月から、ハルビン市の、ある出版社が、ホームページ「中国養父母記憶館」で公開している。残留日本人孤児の養父母の思いを 19 と、社員が中国各地で取材した。

(中略)

戦後、多くの残留孤児が育てられたハルビン市では、若い世代にも存在は知られている。 20 、養父母の気持ちに触れたことがある人は少ない。

作業を担っている李さん自身も、この活動に関わってから初めて養父母の話を聞き、衝撃を受けた。「敵国だった日本の子を育てる決意をし、育てた子は日本へ戻ってしまった。それでも、悔やんだ人はいない。戦争が大きな傷をもたらした中で、国境を超える愛を持つ人がいたことをもっと広く伝えたい。」

ホームページでは、日中双方で記憶を共有したいと日本語のページも設けている。

課題は時間との闘いだ。養父母の多くが90歳を超える。これまでに4人の養母と会ったが、高齢で話ができなかった人もいた。会いに行こうとしている間に亡くなったとの知らせが届いたこともある。

李さんらに養父母を紹介している「残留孤児・養父母連絡会」の胡暁慧会長(75)は危機感を持って「彼らの声は、歴史から 21 。」と話す。

17
1　見えたら　　　2　見たら　　　3　見せたら　　　4　見られたら

18
1　会いたくないわけがない　　　2　会わなくもない
3　会って以来わからない　　　4　会いたくなくてしょうがない

19
1　伝えるそうだ　　2　伝えそうだ　　3　伝えるみたいだ　　4　伝えよう

20
1　ところで　　　2　さて　　　3　だが　　　4　その上

21
1　風化するはずがない　　　2　なかったものにしようではないか
3　消えていきつつある　　　4　忘れられていくとは思えない

합격 공략 | 중요 문형 1

106

～一方(で)　～하는 한편(으로)

접속 | 명사・동사・い형용사・な형용사의 명사 수식형

반대되는 두 가지의 내용을 대비시켜 그 두 내용이 동시에 성립된다는 의미이다. 행위자의 노력으로 두 가지 행동을 병행한다는 의미도 있다.

➕ **플러스** ～一方で VS 一方だ 001

ここは交通の便がいい一方で、駅が近くてうるさい。
여기는 교통편이 좋은 한편 역이 가까워서 시끄럽다.

私は昼間は育児をする一方、夜は大学院で勉強している。
나는 낮에는 육아를 하는 한편으로 밤에는 대학원에서 공부하고 있다.

うちの子はスポーツはだめな一方、音楽の才能はある。
우리 아이는 스포츠는 못하는 한편 음악 재능은 있다.

✅ **체크**　物価は上がる(① ばかりに　② 一方)、給料は全然上がらない。

107

～上は　～한 이상은

접속 | 동사의 사전형・た형

유사표현 | ～以上は・～からには　～한 이상은

앞에서 제시하는 상황이나 동작으로 인해 반드시 그렇게 하겠다거나 해야 한다는 의지나 판단을 말할 때 사용한다.

こうなった上は本当のことを話さないわけにはいかない。
이렇게 된 이상은 사실을 말하지 않을 수 없다.

やると決めた上は、責任を持ってやらなければならない。
하겠다고 결정한 이상은 책임을 지고 해야만 한다.

受験する上は、東京大学に合格したい。
시험을 치는 이상은 도쿄 대학에 합격하고 싶다.

✓ 체크   ここまで旅行に来た(① 上は ② 上で)思いっ切り楽しみましょう。

108

～得る/～得ない ~할 수 있다/~할 수 없다

접속 | 동사의 ます형

어떤 일의 실현 가능성 여부를 말하는 표현이며, '가능형'과 같이 사람의 능력을 나타내는 표현이 아니다. 예 彼はお酒が飲める。(○) 彼はお酒を飲み得る。(×)
따라서 「ある」와 같은 무의지동사에도 사용할 수 있다. 긍정 표현은 「える・うる」두 가지로 발음하지만, 부정 표현일 때는 「えない」로만 발음한다.

彼はあり得ない理由で会社を辞めさせられた。
그는 말도 안 되는 이유로 회사를 그만두게 되었다.

果たしてこの情報は信じ得るものなのでしょうか。
과연 이 정보는 믿을 수 있는 것일까요?

皆さんの協力なしには成し得なかった結果だと思う。
여러분의 협력 없이는 이룰 수 없었던 결과라고 생각한다.

✓ 체크   治安が不安定な_____ _____ ★ _____ 。
① 十分   ② 事件です   ③ 都市では   ④ 起こり得る

109

～からには ～한 이상은

- 접속 | 명사 である/な형용사의 어간 である/동사・い형용사의 명사 수식형
- 유사표현 | ～以上は・～上は ～한 이상은

앞에서 제시하는 상황이나 동작으로 인해 반드시 그렇게 하겠다거나 해야 한다는 의지나 판단을 말할 때 사용한다.

せっかく別府まで来たからには、阿蘇山まで行ってみよう。
모처럼 벳푸까지 온 이상은 아소산까지 가 보자.

記者であるからには、政府に対して甘い話ばかりしてはいけない。
기자인 이상은 정부를 상대로 좋은 이야기만 하면 안 된다.

こんなに安いからには、きっと品質に問題があるはずだ。
이렇게 싼 이상은 분명 품질에 문제가 있을 것이다.

✓ 체크   生きている(① ことから ② からには)少しでも人の役に立ちたい。

110

～から見ると・～から見れば/～から見て
～(의 입장)에서 보면/～로 봐서

- 접속 | 명사
- 유사표현 | ～から言うと・～からすると ～로 보면

어떤 내용을 판단하고 평가할 때 그 근거를 나타내는 표현이다.

私の立場から見ると、あなたの話は納得できません。
내 입장에서 보면 당신의 이야기는 납득할 수 없습니다.

彼の様子から見て今度の面接もだめだったに違いない。
그의 기색을 봐서 이번 면접도 안 된 것이 분명하다.

外国人から見れば、この考え方はおかしいと思うだろう。
외국인 입장에서 보면 이 사고 방식은 이상하다고 생각할 것이다.

✅ 체크 私の顔は_____ _____ ★ _____ 聞いてみた。
　　① から見れば　　② どんな　　③ 異性の目　　④ 印象か

111

～げ ~인 듯한

● 접속 | 동사의 ます형/い형용사·な형용사의 어간

사람의 표정이나 태도 등에서 느껴지는 기분이나 감정 등을 표현할 때 사용한다. 「～げ」를 접속한 후에는 な형용사 활용을 한다.

彼女は意味ありげな笑顔を浮かべている。
그녀는 의미가 있는 듯한 웃음을 띠고 있다.

あの選手は判定に不満げな態度を取った。
그 선수는 판정에 불만이 있는 듯한 태도를 취했다.

息子は学校のことをいつも楽しげに話している。
아들은 학교 일을 항상 즐거운 듯이 말하고 있다.

✅ 체크 彼女は(① 寂しがちな　② 寂しげな)顔をしてベンチに座っていた。

112

～ことか ～란 말인가, ～했는지

접속 | 동사·い형용사·な형용사의 명사 수식형

감정 등의 어떤 정도가 아주 심하다는 감탄이나 탄식을 나타내는 표현이다. 「どんなに 얼마나」·「どれほど 얼마나」·「なんと 얼마나」 등의 부사와 함께 사용하는 경우가 많다.

こんな時間に電話をかけてくるなんて、なんと迷惑なことか。
이런 시간에 전화를 걸어 오다니 얼마나 민폐란 말인가.

今まで何度も退職しようと思ったことか。
지금까지 몇 번이나 퇴직하려고 생각했던 것인가.

毎日元気でいられるだけで、どれほどありがたいことか。
매일 건강하게 있을 수 있는 것만으로도 얼마나 감사한 일인가.

✓ **체크** 人間という生き物はなんと弱い（① べきか ② ことか）。

113

～ことに(は) ～하게도

접속 | 동사의 た형/い형용사의 사전형/な형용사의 명사 수식형

어떤 사실에 대해 말하는 사람의 감정이나 느낌을 강조하여 말할 때 사용한다. 「～ことに」의 뒷부분에 의지를 나타내는 표현은 사용할 수 없다.

残念なことに、好きだった選手が今年で引退するそうだ。
안타깝게도 좋아했던 선수가 올해로 은퇴한다고 한다.

困ったことに、友達から借りたノートをどこかに置いてきた。
곤란하게도 친구에게 빌린 노트를 어딘가에 두고 왔다.

ありがたいことに、今日も予約で満席となりました。
감사하게도 오늘도 예약으로 만석이 되었습니다.

- ✓ 체크 うれしい(① ところに ② ことに)、昨夜長女が生まれました。

114

〜最中(に) 한창 〜하는 중에, 〜하는 도중에

접속 | 명사 の/동사의 ている

어떤 일이 한창 진행되고 있는 도중임을 말할 때 사용하며, 「〜最中だ 한창 〜중이다」의 형태로 문장 끝에서도 사용한다.

この件は検討の最中なので、決まり次第お知らせします。
이 건은 한창 검토 중이므로 정해지는 대로 알려 드리겠습니다.

人が話している最中に割ってしゃべるのはよくない。
남이 이야기하고 있는 도중에 끼어들어서 말하는 것은 좋지 않다.

A「今、どこら辺ですか。」 "지금 어디쯤이세요?"
B「福岡から東京に向かっている最中です。」 "후쿠오카에서 도쿄로 가고 있는 중입니다."

- ✓ 체크 最終テストを＿＿＿ ＿＿＿ ★ ＿＿＿困っている。
  ① 最中に   ② やっている   ③ 生じて   ④ 問題が

115

～たところで　～해 봤자, ～한다 해도

● 접속 | 동사의 た형

이제 와서 어떤 행동을 해 봤자, 예상하는 결과를 얻기에는 이미 늦었다는 의미이다. 「たとえ 설령」・「今さら 이제 와서」・「いくら 아무리」・「どんなに 아무리」 등의 부사와 함께 쓰일 때가 많다.

➕ **플러스** ～たところで VS ～たところ 018

今から急いだところで、約束時間には間に合わない。
지금부터 서둘러 봤자 약속 시간에 맞출 수 없다.

どちらにしたところで、結果は同じだから適当に決めよう。
어느 쪽으로 해 봤자 결과는 같으니까 적당히 정하자.

いくら後悔したところで、もとには戻れない。
아무리 후회해 봤자 원래로는 돌아갈 수 없다.

✓ **체크**　今さら謝った(① ところで　② ところを)、許されるわけではない。

116

～たとたん(に)　～하자마자, ～한 순간에

● 접속 | 동사의 た형

어떤 동작을 하거나 변화가 생기자마자 곧이어 예상치 못한 다른 일이 생겼다는 의미이다. 어떤 일이 계기가 되어 이어서 다른 일이 생겼다는 묘사 표현이므로 의지・명령・부정 표현 등과 함께 사용할 수 없다.

泣いていた子供は母の顔を見たとたん、ニコニコ顔になった。
울고 있던 아이는 엄마의 얼굴을 보자마자 방긋방긋 웃었다.

遊んでばかりいたはるとは高3になったとたん、急に勉強するようになった。
놀기만 하던 하루토는 고3이 되자마자 갑자기 공부하게 되었다.

エアコンに電源を入れたとたんに爆発したらしい。
에어컨에 전원을 넣는 순간 폭발했다는 것 같다.

✓ 체크　あの女優は、_____ ★ _____ _____でかくなった。
　　　　① なった　　② 有名に　　③ 態度が　　④ とたん

117

～っぽい　～같은 느낌이 든다, ～같다

접속 | 명사/동사의 ます형

어떤 대상의 성질이나 상태를 나타낼 때 그 대상에게서 '그런 느낌이나 경향이 강하게 느껴진다'라는 의미이다. 전체적으로 부정적인 느낌을 나타낸다.

最近、忙しいせいか忘れっぽくなった感じがします。
요새 바빠서 그런지 자주 깜박하는 느낌이 듭니다.

この薬さえ飲めばやせるなんて、どうもうそっぽい話だ。
이 약만 먹으면 살이 빠진다니 아무래도 거짓말 같은 이야기이다.

昨日買って来たこのスープ、なんか水っぽくてまずいね。
어제 사 온 이 수프 왠지 묽고 맛이 없네.

✓ 체크　大人にしてそんな子供(① 気味　② っぽい)言い方はやめなさいよ。

118

～てもしかたがない　～해도 어쩔 수 없다

- 접속 | 명사・동사・い형용사・な형용사의 て형

현재 주어진 상황이 그다지 만족스러운 것은 아니지만 다른 방법이 없어서 인정할 수밖에 없다는 의미이다.

過_すぎたことをくよくよ後悔_{こうかい}してもしかたがない。
지나간 일을 끙끙 앓으면서 후회해도 소용이 없다.

出席日数_{しゅっせきにっすう}が足_たりないから、留年_{りゅうねん}でもしかたがない。
출석 일수가 부족하기 때문에 유급이라도 어쩔 수 없다.

高級_{こうきゅう}な材料_{ざいりょう}を使ったので、値段_{ねだん}が高くてもしかたがない。
고급 재료를 사용했기 때문에 가격이 비싸다 해도 어쩔 수 없다.

✓ 체크　部長_{ぶちょう}が_____ _____ ★_____ _____しかたがない。
　　① 私達だけで　　② しても　　③ 議論_{ぎろん}　　④ いないのに

119

～てもはじまらない　～해도 소용없다, ～해도 이제 와서 어쩔 수 없다

- 접속 | 동사의 て형

지금 어떤 동작을 한다 해도 원하는 결과를 얻을 수 없다는 의미의 표현이다.

今度_{こんど}の結果_{けっか}はショックだけど、落_おち込_こんでばかりいてもはじまらない。
이번 결과는 충격이지만 침울해하고 있어도 소용없다.

部長_{ぶちょう}は厳_{きび}しいから、文句_{もんく}を言ってもはじまらない。
부장님은 엄격하니까 불만을 말해도 소용없다.

これから先のことを心配していてもはじまらない。
앞으로의 일을 걱정하고 있어도 소용이 없다.

✓ 체크   過ぎたことは今さら後悔しても(① はじまらない ② たまらない)。

120

～ところだった ~할 뻔했다

접속 | 동사의 사전형

위험한 상황이 닥치기 직전에 겨우 그 상황을 모면했다는 의미이다. 「危うく 자칫하면」·「もうすこしで 하마터면」 등의 표현과 함께 사용한다.

君が注意してくれなかったら、大変なことになるところだった。
네가 주의를 주지 않았더라면 하마터면 큰일 날 뻔했다.

殺人事件の容疑者を危うく逃すところだった。
살인 사건의 용의자를 하마터면 놓칠 뻔했다.

寝坊してもう少しで飛行機に乗り遅れるところだった。
늦잠을 자서 하마터면 비행기를 놓칠 뻔했다.

✓ 체크   もう少しで車にひかれる(① はずだった ② ところだった)。

워밍업

1 한국어 해석을 참고로 괄호 안에 들어갈 말로 알맞은 것을 고르세요.

1. 長男は勉強熱心な(　)、次男は遊んでばかりいるんですよ。
   장남은 공부를 열심히 하는 한편 차남은 놀기만 하고 있어요.

2. 空襲でこの地域は火の海だったそうだ。どんなに悲惨な光景が広がっていた(　)か。
   공습으로 이 지역은 불바다였다고 한다. 얼마나 비참한 광경이 펼쳐졌던 것인가.

3. 飲み会が好きだった山田は娘が生まれた(　)、まっすぐ家に帰るようになった。
   회식을 좋아하던 야마다는 딸이 태어나자마자 곧바로 집에 돌아가게 되었다.

4. 台風の進路(　)、週末の海水浴は無理だろう。
   태풍의 진로로 봐서 주말 해수욕은 무리일 것이다.

5. お風呂に入っている(　)、宅配便が来て、困った。
   한창 목욕을 하고 있을 때 택배가 와서 곤란했다.

6. 加藤先生は、いつも黒(　)服ばかりお召しですね。
   가토 선생님은 항상 검정 느낌의 옷만 입으시는군요.

7. もう君とは話しても(　)よ。終わりにしよう。
   이제 너랑은 이야기해도 소용이 없어. 끝내자.

8. 危うく遅刻する(　)だったよ。 하마터면 지각할 뻔했다.

9. 住吉さんは退屈(　)にスマホをいじっています。
   스미요시 씨는 지루한 듯이 스마트폰을 만지작거리고 있습니다.

10. 総理大臣になった(　)、国民のために汗を流さなければいけない。
    총리 대신이 된 이상은 국민을 위해서 땀을 흘려야만 한다.

① から見て　② とたん　③ 最中に　④ こと　⑤ げ
⑥ 上は　⑦ ところ　⑧ しかたない　⑨ 一方で　⑩ っぽい

2 힌트를 참고로 괄호 안에 들어갈 알맞은 문형을 찾아 쓰세요.

11. 野崎さんは結婚したとたん(　)、付き合いが悪くなりました。

12. 今から原稿を書き始めたところ(　)、どうせ締め切り日には間に合わないだろう。

13. 若く見える彼女は、驚いた(　)二児の母であった。

14. 今さら後悔して(　)はじまらないよ。

15. お年寄り(　)見ると、今どきの子供は忍耐力がないらしい。

힌트
① ことに　② ことで　③ ことから　④ もので　⑤ ものに
⑥ から　　⑦ には　　⑧ に　　　⑨ で　　　⑩ も

3 다음 문장을 잘 읽고 괄호 안에 들어갈 말로 알맞은 것을 고르세요.

16. 今回の大水害は誰にも(① 予期しえなかった　② 予期せずにすんだ)。

17. あの人は(① 怒り　② 怒ら)っぽいから、苦手だよ。

18. 大学生(① だからには　② であるからには)、ある程度の教養がなくてはならない。

19. (① 寂しげの　② 悲しげな)目で、こっちを見ないでよ。

20. 選挙に出馬する(① 上は　② 上で)、何が何でも当選して議員になるつもりだ。

정답
1 ⑨　2 ④　3 ②　4 ①　5 ③　6 ⑩　7 ⑧　8 ⑦　9 ⑤　10 ⑥
11 ⑧　12 ⑨　13 ①　14 ⑩　15 ⑥　16 ①　17 ①　18 ②　19 ②　20 ①

합격 공략 | 실전 연습 08

問題7 次の文の（　　　　）に入れるのに最もよいものを、1・2・3・4から一つ選びなさい。

[1] 少子高齢化により、子供の人口が（　）、高齢者の人口は増えている。
1　減らしている一方で　　　　　2　減っている一方で
3　増えている一方で　　　　　　4　増す一方で

[2] この見通しの悪い交差点で、交通事故を（　）、警察は対策を取ってこなかった。
1　判断しかねたが　　　　　　　2　起こしたところ
3　防いでからこそ　　　　　　　4　予測し得たのに

[3] 親が子育てで、いかに（　）、自分が親になってはじめて分かった。
1　悩んだものの　　　　　　　　2　苦労したことか
3　大変かどうかはとにかく　　　4　重要どころか

[4] もう、（　）、話しかけないでくださいよ。
1　仕事の最中に　　　　　　　　2　運転なんて
3　勉強に次いで　　　　　　　　4　話すくらいなら

[5] 高速道路を走行中に前の車2台が事故を起こしたんだよ。僕の車も事故に（　）よ。
1　あうようだった　　　　　　　2　起きそうだった
3　巻き込まれるところだった　　4　なってならない

[6] 医者：「どうしました。」
　　患者：「昨日、椅子から（　）めまいがしました。どこか悪いのかと思って来ました。」
1　立ったとたん　　　　　　　　2　立ったことには
3　立ってからでないと　　　　　4　立ちっこないので

[7] 「朝から（　）。」
　　「医者に行ってみてもらった方がいいんじゃないですか。」
1　欠かさず鼻水が出ます　　　　2　体調がいいですよ
3　熱っぽいんです　　　　　　　4　風邪気味があるんです

[8] 子供って（　）、親の言ったことをまねして言うんですよね。
1　おもしろいものに　　　　　　2　おもしろいところに
3　おもしろいなりに　　　　　　4　おもしろいことに

問題8　次の文の＿★＿に入る最もよいものを、1・2・3・4から一つ選びなさい。

9　彼は私の＿＿＿ ＿＿＿ ★ ＿＿＿。一体何なのだろう。

1　見ながら　　　2　顔を　　　3　笑った　　　4　意味ありげに

10　「吉村さん、新年の隠し芸大会、頑張りましょうね。」

「そうだな。俺は、やりたくはなかったんだけど、＿＿＿ ★ ＿＿＿ ＿＿＿ 芸を披露しようぜ。」

1　驚かせる　　　2　こうなった　　　3　皆を　　　4　からには

11　＿＿＿ ★ ＿＿＿ ＿＿＿自分が今できることをしっかりとやるだけだ。

1　将来のことを　2　焦らず　　　3　考えすぎても　4　仕方がないから

12　海外の店などでのサービスの質は、＿＿＿ ＿＿＿ ★ ＿＿＿。

1　から見れば　　　　　　　　2　最低だと

3　日本人　　　　　　　　　　4　言わざるを得ない

13　例え、給与が＿＿＿ ＿＿＿ ★ ＿＿＿だと思うよ。

1　1か月当たり　2　ところで　3　わずか千円程度　4　上がった

14　今日は早く帰ると、妻と＿＿＿ ★ ＿＿＿ ＿＿＿飲み会には行かない。

1　約束した　　　2　同僚に　　　3　上は　　　4　誘われても

15　行方不明になった娘を＿＿＿ ＿＿＿ ★ ＿＿＿のを待とう。

1　警察から　　　2　はじまらないから　3　心配しても　4　連絡が来る

16　喫煙は肺がんの＿＿＿ ＿＿＿ ★ ＿＿＿人も多いです。

1　気にせずに　　2　言われていますが　3　原因になり得ると　4　吸い続ける

합격 공략 | 실전 연습 08

問題9 次の文章を読んで、文章全体の内容を考えて 17 から 21 の中に入る最もよいものを、1・2・3・4から一つ選びなさい。

　最近は医療系の学部が人気を集めている。人気の理由は、受験生の就職の安全志向のおかげだと言われている。国家試験突破のハードルは 17 、資格を取得すれば就職を有利に進められるという考えだ。以前は受け皿となる医療系学部は、医学部、歯学部、薬学部等に限られていた。それが今は看護学部や理学療法士や作業療法士などのリハビリテーション系、診療放射線技師、臨床検査技師などを目指す学部・学科が、次々と大学に設置されるようになって、進学先も 18 。そのためか、受験生のレベルによって、目指す医療系学科が変わるのだ。

　さらに最近では女子を中心に「手に職をつけたい」との考えもあり、これが医療系人気の 19 。中学受験の専門家は「母親の影響でしょう。結婚して子育てが終わり、再び働こうと思っても、有名大学を 20 パートの仕事ぐらいしかない一方で、国家試験を持っていると仕事はあるし、時給も高いのでうらやましい。それを見て、どの時代でもどこの場所でも役に立つ国家資格が手に入れられる医療系に進学させたいと考える母親が増えているようで、中学受験の志望校選びもその実績を重視しています。」という。

　さらに、 21 話もある。「新卒で銀行に勤めていて、家庭が一段落して再度、銀行で働くようになっても、人間として経験を積んで世の中のことがよくわかって成長したはずなのに、何もわからない新入社員より安い給料で働くことになってしまう、と愚痴をこぼすお母さんもいます。」

　このあたりが「手に職を」の原点なのかもしれない。

17
1　あってはじめて　　　　　2　あるにせよ
3　あったとしたら　　　　　4　あるどころか

18
1　多様化してきている　　　2　弱体化していった
3　深刻化しつつある　　　　4　一体化に限る

19
1　風になっている　　　　　2　向かい風が吹いている
3　追い風になっている　　　4　逆風だ

20
1　出ていたところで　　　　2　出ていたことか
3　出ていたからには　　　　4　出ていたなんて

21
1　こんな　　　2　そんな　　　3　あんな　　　4　どんな

합격 공략 | 중요 문형 2

121

～ところに・～ところへ／～ところを ～한 중에, ~한 상황에, ~한데

● 접속 | 명사 · 동사 · い형용사 · な형용사의 명사 수식형

어떠한 특정 상황이나 장소 · 시간 · 타이밍 등을 말할 때 사용한다. 「～ところを」는 상대방에게 폐를 끼치는 등의 좋지 않은 영향을 끼쳤을 때 그에 대한 감사나 미안함을 표현하는 인사말로 주로 사용된다.

仕事を片付けて出ようとしたところに、社長に呼ばれた。
일을 정리하고 나가려던 중에 사장님이 불렀다.

お休みのところをご迷惑をおかけして申し訳ありません。
쉬시는 중인데 민폐를 끼쳐서 정말 죄송합니다.

ちょうどいいところへ来てくださって、本当に助かりました。
때마침 좋은 때에 와 주셔서 정말 도움이 되었습니다.

✓ 체크 授業を＿＿＿ ＿＿＿ ★ ＿＿＿見つかってしまった。
① 母に   ② 遊んでいる   ③ ところを   ④ さぼって

122

～ところを見ると ~하는 것을 보면

● 접속 | 명사 · 동사 · い형용사 · な형용사의 명사 수식형

어떤 상황이나 내용을 근거로 다음에 오는 내용을 추측할 때 사용한다. 「～らしい」・「～ようだ」・「～だろう」・「～に違いない」 등의 추측 표현과 함께 쓰는 경우가 많다.

みんな笑顔だったところを見ると、旅行は楽しかったらしい。
모두 웃는 얼굴이었던 것을 보면 여행은 즐거웠던 것 같다.

家の中が真っ暗なところを見ると誰も帰っていないようだ。
집 안이 깜깜한 것을 보면 아무도 돌아오지 않은 것 같다.

いつも人が並んでいるところを見ると、おいしいに違いない。
항상 사람이 줄 서 있는 것을 보면 분명 맛있을 것이다.

✅ 체크 　____ ____ ★ ____ 、面接はだめだったらしいね。
　　① いる　　　② 見ると　　　③ 落ち込んで　　④ ところを

123

～とともに　～와 함께, ～에 따라, ～와 동시에

접속 | 명사/な형용사의 어간(である)/동사・い형용사의 보통형

(1) 어떤 사람이나 기관과 함께 동작을 한다는 의미이다.
(2) 어떤 일의 두 가지 측면을 나타내거나 다른 내용을 추가해서 설명할 때 사용한다.
(3) 어떤 변화가 다른 변화를 유발하거나 두 가지의 일이 동시에 일어난다는 의미이다.

今度の夏休みは部活の人とともに海へ行くことにした。⑴
이번 여름 방학은 동아리 사람들과 함께 바다에 가기로 했다.

学校を卒業するのはうれしいとともに寂しくもある。⑵
학교를 졸업하는 것은 기쁜 동시에 쓸쓸하기도 합니다.

言葉の意味は時間の流れとともに少しずつ変わっていく。⑶
말의 의미는 시간의 흐름과 함께 조금씩 변화해 간다.

✅ 체크 　温暖化が進む(① とともに　② とたんに)気温の変化が激しくなった。

124

～とみえて/～とみえる　～인 듯이, ～처럼, ～같이, ～같은

● 접속 ｜ 명사 · 동사 · い형용사 · な형용사의 보통형

어떤 상황을 그렇게 추측하는 이유나 근거를 말할 때 사용한다. 명사 · な형용사의 현재형에는 だ를 생략하고 접속하기도 한다.

彼女は昇進したとみえて、さっきからにこにこしている。
그녀는 승진한 듯 아까부터 싱글벙글하고 있다.

彼はお酒が苦手だとみえて、飲み会に参加したがらない。
그는 술을 잘 못 마시는 듯 회식에 참가하고 싶어하지 않는다.

隣の部屋は留守とみえて、全然物音がしない。
옆 방은 며칠간 부재중인 듯 소리가 전혀 나지 않는다.

✓ 체크　外は雨が降ったと(① ともに　② みえて)、地面が濡れている。

125

～ないことはない　～하지 않는 것은 아니다, ～할지도 모른다

● 접속 ｜ 동사 · い형용사 · な형용사의 ない형

어떤 동작을 하거나 그러한 일이 일어날 가능성이 충분히 있다는 의미이다. 이중 부정 표현으로 소극적인 긍정을 나타낸다. 「～なくもない」와 비슷한 표현이다. 예 頑張ればできなくもない。 열심히 하면 못할 것도 아니다.

結果が残念でないことはないが、頑張ったからそれでいいと思う。
결과가 유감스럽지 않은 것은 아니지만 열심히 했으니까 그걸로 됐다고 생각해.

忙しくないことはないけど、先輩に頼まれたらやるしかない。
바쁘지 않은 것은 아니지만 선배가 부탁하면 할 수밖에 없다.

これぐらいの量なら一人で運べないこともない。
이 정도의 양이라면 혼자서 들 수 없는 것도 아니다.

✅ 체크 考えてみれば_____ _____★_____ _____。
① 理解できない   ② 彼の   ③ こともない   ④ 気持ちが

126

〜にあたって   〜에 즈음해서, 〜할 때에

접속 | 명사/동사의 사전형

유사표현 | 〜に際して/〜際(は) 〜에 즈음하여, 〜할 때에

어떤 동작을 하려고 하는 특정 상황이나 시기를 강조해서 말할 때 사용한다.

この機械のご利用にあたっては、使い方をよく確認してください。
이 기계를 이용할 때에는 사용법을 잘 확인해 주세요.

奨学金の申し込みにあたっての留意点についてご説明します。
장학금을 신청할 때의 유의점에 대해서 설명하겠습니다.

外国で生活するにあたって役に立つ情報を集めてみました。
외국에서 생활할 때에 도움이 되는 정보를 모아 봤습니다.

✅ 체크 _____ _____ _____★_____ことを振り返ってみた。
① 4年間の   ② 入学してからの   ③ にあたって   ④ 卒業

127

～にあたる　～에 해당한다

● 접속 | 명사

동사「当たる 맞다, 해당하다」를 활용한 문형이며,「AはBにあたる」·「BにあたるA」의 형태로 사용하며, A의 내용이 B에 해당된다는 의미이다.

これは差別にあたる行為だから注意した方がいい。
이것은 차별에 해당하는 행위이므로 주의하는 편이 좋다.

歌をインターネットで無断でダウンロードするのは不法行為にあたる。
노래를 인터넷에서 무단으로 다운로드하는 것은 불법 행위에 해당한다.

代金の30%にあたる金額を割り引きしてもらった。
대금의 30%에 해당하는 금액을 할인받았다.

✓ 체크　東京の面積はソウルの約3倍に（① あたる　② ともなう）。

128

～にかかわらず　～에 관계없이, ～에 상관없이

● 접속 | 명사/い형용사・동사의 사전형・ない형
유사표현 |〜を問わず 〜을 불문하고

어떤 상황이나 조건의 영향을 받지 않고 뒤의 일이 성립되거나 또는 어떠한 동작을 하겠다고 하는 의미이다.「〜にかかわりなく」의 형태로도 사용한다.

日本の結婚式は参席するしないにかかわらず連絡しなければならない。
일본의 결혼식은 참석하든 하지 않든 상관없이 연락해야만 한다.

ジョギングは年齢にかかわりなく簡単にできるスポーツだ。
조깅은 연령에 상관없이 간단히 할 수 있는 스포츠이다.

経験の有無にかかわらず、能力のある人材を求めている。
경험의 유무에 관계없이 능력이 있는 인재를 찾고 있다.

✅ 체크　お天気(① に限らず　② にかかわらず)、予定通り出発します。

129

～に限って・～に限り/～に限らず

～에 한해·～하는 경우에 한해서 꼭/～로 한정하지 않고

접속 | 명사

(1) 제시하는 내용에 한해서만 적용된다는 한정을 나타내는 표현이다.
(2) 평소에는 그렇지 않지만 어떤 특정한 상황에 한해서 꼭 그러한 일이 생긴다는 의미이다.
(3) 「～に限らず」의 형태로 제시하는 내용으로 한정하지 않고 다른 내용까지 포함한다는 의미가 있다.

クーポンをお持ちの方に限り、割り引きできます。(1)
쿠폰을 가지고 계신 분에 한해서 할인 가능합니다.

キャンプに出かけようとする週末に限って、よく雨が降る。(2)
캠핑하러 나가려고 하는 주말에 한해서 자주 비가 온다.

少子化は日本に限らずどの国でも大きな問題です。(3)
저출산은 일본뿐만 아니라 어느 나라에서나 큰 문제입니다.

✅ 체크　この辺りは週末(① に限らず　② にあたって)、平日も道が混む所だ。

130

～に加えて ～에 더하여, ～에다가

● 접속 | 명사

동사「加える 늘리다, 더하다」를 활용한 문형으로, 하나의 내용에 종류가 비슷한 다른 내용을 덧붙여 말할 때 사용한다.

冷夏に加えて雨が多かったため、今年の果物の出来具合はひどい。
냉하에다가 비가 많이 내렸기 때문에 올해 과일 품질은 좋지 않다.

この会社は産業用ロボットに加えて、介護ロボットも開発している。
이 회사는 산업용 로봇에다가 요양보호 로봇도 개발하고 있다.

このカードは本人に加えて、家族も利用できます。
이 카드는 본인에다가 가족도 이용할 수 있습니다.

✓ 체크   たくさんの _____ _____ ★ _____ をしている。
① 長年　　　② 加えて　　　③ ボランティア活動　　　④ 寄付に

131

～に決まっている ～할 것이 분명하다

● 접속 | 명사 · 동사 · い형용사 · な형용사의 보통형(명사 · な형용사의 현재형 だ)

어떤 내용에 대해서 강하게 확신하여 말할 때 사용하는 단정에 가까운 표현이다.
「～に違いない」·「～に相違ない」와 비슷한 의미지만 좀 더 확실하고 단정적인 느낌이 든다.

本当のことを話すと先生は許してくれるに決まっている。
진실을 말하면 선생님은 용서해 줄 것이 분명하다.

慎吾君は優しくて面白いから、いい仲間が多いに決まっている。
싱고 군은 상냥하고 재미있으니까 좋은 동료가 분명 많을 것이다.

A「一人で持てますか。」"혼자서 들 수 있어요?"

B「大丈夫にに決まっているでしょ。俺、力持ちだから。」"당연히 괜찮죠. 나 힘 세잖아요."

- ✅ 체크   今度の失敗の原因は資金不足(① に決まっている ② に違っている)。

132

～に際して・～に際し ～에 즈음하여, ～할 때에

접속 | 명사/동사의 사전형

유사표현 | ～にあたって ～에 즈음해서, ～할 때에

어떤 일을 시작하려고 하는 시점이나 진행 중인 상황을 강조해서 말할 때 사용한다. 「～に際しての+명사 (～할 때의)」 형태로 명사를 수식한다. 예 契約に際しての参考内容 계약할 때의 참고 내용

ご利用に際して、以下の注意事項をよくお読みください。
이용하실 때에 아래의 주의 사항을 잘 읽어 주십시오.

ご入場に際して、本人確認書類を拝見させていただきます。
입장할 때에 본인 확인 서류를 보겠습니다.

退職するに際して、一言ご挨拶を申し上げます。
퇴직할 때에 즈음해서 한마디 인사 말씀 드리겠습니다.

- ✅ 체크   ＿＿＿ ＿＿＿ ★ ＿＿＿どんなビザが必要ですか。
  ① に際して   ② 就労する   ③ 日本で   ④ 外国人が

133

～に相違(そうい)ない　～이 틀림없다, ～이 분명하다

접속 | 명사 · 동사 · い형용사 · な형용사의 보통형(명사 · な형용사의 현재형 だ)

유사표현 | ～に違いない ～이 틀림없다, ～이 분명하다

어떤 근거를 가지고 말하는 사람이 강하게 확신할 때 사용하는 표현이며, 문장에서 주로 사용한다.

会社中(じゅう)にそのうわさを流(なが)したのは、前田(まえだ)に相違(そうい)ない。
회사 안에 그 소문을 낸 것은 마에다임에 틀림없다.

彼の表情(ひょうじょう)を見ると、きっと何かいいことがあったに相違(そうい)ない。
그의 표정을 보면 분명 무언가 좋은 일이 있었음이 분명하다.

この土器(どき)は縄文時代(じょうもんじだい)の物(もの)に相違(そうい)ありません。
이 토기는 조몬 시대의 것임이 틀림없습니다.

✓ **체크**　SMAPは日本を代表(だいひょう)するグループ(① にほかない　② に相違(そうい)ない)。

134

～に沿(そ)って　～에 따라, ～을 따라

접속 | 명사

공간적으로 길게 이어진 무언가를 따라가거나, 순서 · 매뉴얼 등의 내용에 따른다는 의미이다. 기대 · 희망 · 방침 등에 부응한다는 의미도 있으며 동사「沿う 따라가다, 따르다」를 활용한 문형이다.

線路(せんろ)に沿(そ)って行くと、我(わ)が家(や)が見えます。
선로를 따라가면 우리 집이 보입니다.

日にちは希望に沿って選べるので、気軽にお問い合わせください。
날짜는 희망에 따라 고를 수 있으므로 편하게 문의해 주세요.

個人情報は下記の方針に沿って取り扱っております。
개인 정보는 아래의 방침에 따라 취급하고 있습니다.

✓ 체크　マニュアル(① に沿って　② において)やれば誰でも簡単に組み立てられる。

135

～に例えると　～에 비유하면

접속 | 명사

어떤 대상을 다른 내용에 비유해서 표현할 때 사용하며, 동사「例える 예를 들다, 비유하다」를 활용한 문형이다.

中居君を動物に例えると、何だろう。
나카이 군을 동물에 비유하면 무엇일까?

外国語の勉強を何かに例えると、マラソンのようなものだ。
외국어 공부를 무언가에 비유하면 마라톤 같은 것이다.

理想のタイプをタレントに例えると、誰ですか。
이상형을 탤런트에 비유하면 누구입니까?

✓ 체크　人生を_____　★_____　_____夢や目標を表します。
　　　　① 例えると　　② 頂上は　　③ 山登りに　　④ 遠くに見える

워밍업

1 한국어 해석을 참고로 괄호 안에 들어갈 말로 알맞은 것을 고르세요.

1. いつも元気な彼が落ち込んでいる（　　）を見ると、何かあったに違いない。
   항상 활발한 그가 우울해하고 있는 것을 보면 무슨 일이 있었던 게 분명하다.

2. お酒が飲めない（　　）はないのですが、今日は自転車に乗って帰りますので。
   술을 못 마시는 것은 아니지만 오늘은 자전거를 타고 가야 하기 때문에요.

3. ご質問の趣旨に（　　）、お答え致します。 질문의 취지에 맞춰 대답하겠습니다.

4. 高3の夏をマラソンに（　　）何キロ地点ですか。
   고3 여름을 마라톤에 비유하면 몇 킬로 지점입니까?

5. 地震に（　　）、津波まで発生しました。 지진에다가 지진해일까지 발생했습니다.

6. 会社再建に（　　）、人員削減が行われた。 회사 재건에 즈음해서 인원 삭감이 실시되었다.

7. 時代と（　　）若者の結婚観も変わってきています。
   시대와 함께 젊은이의 결혼관도 변하고 있습니다.

8. いつも怖い先生が今日に（　　）やさしい。何かあったのだろうか。
   항상 무서운 선생님이 오늘만은 다정하다. 무슨 일이 있던 것일까?

9. 熱いラーメンを5分以内で食べろなんて、無理に（　　）じゃない。
   뜨거운 라면을 5분 이내에 먹으라니, 당연히 무리잖아.

10. 奨学金は国籍に（　　）、応募できます。
    장학금은 국적에 상관없이 응모할 수 있습니다.

① こと　　② かかわらず　③ 例えると　④ あたって　⑤ 沿って
⑥ 決まっている　⑦ ともに　⑧ ところ　⑨ 加えて　⑩ 限って

2 힌트를 참고로 괄호 안에 들어갈 알맞은 문형을 찾아 쓰세요.

11. この仏像は窃盗団によって盗まれた物(　　)相違ない。

12. 卒業(　　)際して、担任の先生に感謝の言葉を述べた。

13. 一気飲みの強要はアルハラ(　　)あたりますよ。

14. 連絡がないので、今回の面接には落ちた(　　)見える。

15. おいしくないこと(　　)ないんだけど、私の好みの味ではありません。

> **힌트**
> ① と　② へ　③ の　④ し　⑤ から　⑥ を　⑦ は　⑧ が　⑨ で　⑩ に

3 다음 문장을 잘 읽고 괄호 안에 들어갈 말로 알맞은 것을 고르세요.

16. お忙しい(① ところを　② ことに)お手数をお掛けしました。

17. 加島君(① に沿って　② に加えて)島村君も来た。

18. 大学卒業(① とともに　② に限って)結婚をしました。

19. 行列のできるあの定食屋は、おいしい(① に限る　② に決まっている)よ。

20. 中平君の顔を動物(① にあたって　② に例えると)、ゴリラだ。

> **정답**
> 1 ⑧　2 ①　3 ⑤　4 ③　5 ⑨　6 ④　7 ⑦　8 ⑩　9 ⑥　10 ②
> 11 ⑩　12 ⑩　13 ⑩　14 ①　15 ⑦　16 ①　17 ②　18 ①　19 ②　20 ②

합격 공략 | 실전 연습 09

問題7　次の文の（　　　）に入れるのに最もよいものを、1・2・3・4から一つ選びなさい。

1 道に迷って（　）おまわりさんが通りかかって、親切に教えてくれた。
　1　泣いて以来　　　　　　　　　　2　がっかりしているにせよ
　3　どうしようかと見えて　　　　　4　困っていたところに

2 少子高齢化が進む（　）、年金問題がクローズアップされるようになってきた。
　1　といった　　2　に次いで　　3　とともに　　4　に沿って

3 顔色が（　）、病気は完治したようだ。
　1　いい一方で　　　　　　　　　　2　いいところを見ると
　3　いいとはいえ　　　　　　　　　4　いいところへ

4 北朝鮮に（　）、ビザを申請しました。
　1　行ってもはじまらないので　　　2　行くに際して
　3　行けるものなら　　　　　　　　4　行きつつあるので

5 「当社のバスは週末、（　）、50円でご乗車になれます。」
　「何だ、中学生以上はだめなのか。」
　1　小学生以下に限り　　　　　　　2　中学生のみ
　3　お子様をはじめてとして大人の方も　4　年齢にかかわりなく

6 「すみません。リバーサイドホテルはどこですか。」
　「この川（　）500メートル位歩いていくと、左に見えますよ。」
　1　に応じて　　2　に際して　　3　によって　　4　に沿って

7 明日から林間学校に（　）注意事項を言います。
　1　行ったところで　2　行ったとたんに　3　行くにあたって　4　行きながらも

8 （　）、彼の努力をほめてあげるべきだ。
　1　結果の良し悪しにかかわりなく　　2　勝ってもしかたがないので
　3　優勝するどころか　　　　　　　　4　1位にならないことには

問題8　次の文の ＿＿★＿＿ に入る最もよいものを、1・2・3・4から一つ選びなさい。

9　彼は奥(おく)さんのことを本当に＿＿＿＿ ＿＿＿＿ ＿★＿ ＿＿＿＿飛(と)んで帰ります。
　1　家に　　　　　　　　　　　　2　と見えて
　3　仕事が終わったら　　　　　　4　愛(あい)している

10　「石田君(いしだくん)、松岡(まつおか)さんのこと、嫌(きら)いなんですか。」
　「＿＿＿＿ ＿★＿ ＿＿＿＿ ＿＿＿＿あまり話したくないんです。
　1　ないんですけど　　　　　　　2　きついから
　3　嫌いなことは　　　　　　　　4　言葉づかいが

11　電車やバスの車内(しゃない)での通話(つうわ)は法律違反(ほうりついはん)には＿＿＿＿ ＿＿＿＿ ＿★＿ ＿＿＿＿。
　1　やめましょう　　　　　　　　2　マナー違反(いはん)に
　3　あたりませんが　　　　　　　4　あたりますので

12　そんなことを＿＿＿＿ ＿＿＿＿ ＿★＿ ＿＿＿＿じゃないか。
　1　言ったら　　2　に決まっている　3　誰でも　　4　気を悪くする

13　この事実(じじつ)を部長(ぶちょう)が＿＿＿＿ ＿＿＿＿ ＿★＿ ＿＿＿＿。
　1　に相違ない　　2　きっと　　3　知ったら　　4　激怒(げきど)する

14　オリンピックの公式(こうしき)エンブレムのデザインが、ようやく＿＿＿＿ ＿★＿ ＿＿＿＿ ＿＿＿＿があり、決(き)め直(なお)すことになった。
　1　ところへ　　　　　　　　　　2　決まった
　3　デザイナーに対する　　　　　4　盗作(とうさく)の疑(うたが)い

15　目上(めうえ)の人と＿＿＿＿ ＿＿＿＿ ＿★＿ ＿＿＿＿敬語(けいご)は欠(か)かせません。
　1　人との付(つ)き合(あ)い　2　において　　3　に限らず　　4　話す場合(ばあい)

16　あの夫婦(ふうふ)は＿＿＿＿ ＿＿＿＿ ＿★＿ ＿＿＿＿、幸せな毎日を送っている。
　1　に加えて　　2　仕事も　　3　子供の誕生(たんじょう)　　4　順調(じゅんちょう)で

합격 공략 | 실전 연습 09

問題9 次の文章を読んで、文章全体の内容を考えて [17] から [21] の中に入る最もよいものを、1・2・3・4から一つ選びなさい。

　地球上には約200の国がある。その中で日本の面積が何番目かご存じだろうか。世界地図で見ると、島々が連なっている小さな国なので、下位の方に [17] と思われるだろう。しかし、総面積37.8平方キロメートルで、上から61番目の意外と広い国なのである。

　狭いと思われがちで意外と広い日本だが、一生のうちに十分に [18] 広さなので、時間があったらぜひ旅に出てみよう。その土地の風土や習慣の違いなどに触れながら、全国津々浦々回るのも良い。人というのは自分を中心として物事を考えがちであるが、このような違いを発見し、日本の新たな一面を見ることは、視点を変えてみることの重要性があるということに気付く機会にもなる。

　日本は [19] 南北に長い列島である。季節の変わり目に旅に出るとそれがより実感できる。例えば3月、沖縄では海開きも行われ、海水浴のシーズンが始まる一方で、北海道では [20] 時期には当然海に入ることもできず、山でスキーを楽しんでいる。

　春には桜前線がどこまで北上しているか。秋には紅葉前線がどこまで南下しているかを、天気予報で知ることができる。忙しい毎日を送っている私であるが、一度こういった前線を追い掛けながら、心のゆとりを追い掛ける旅に出てみたいと、[21] 思っている。

17
1 あるに決まっている　　2 あることにあたる
3 あってならない　　　　4 あるわけではない

18
1 巡るついでの　2 巡った末の　3 巡りかける　4 巡りきれる

19
1 冬が長い　　　　　　　　　　2 四季に富んだ
3 季節により変化のあまりない　4 どこに行っても似ている

20
1 そうしても　2 この　3 あんな　4 どのような

21
1 ほとんど　2 いつか　3 日頃から　4 次第に

합격 공략 | 중요 문형 3

136

～に反<small>はん</small>して　～에 반해서

● 접속 | 명사

예상했던 결과가 실제로는 그렇지 않다는 의미이며, 「期待 기대」·「予想 예상」·「予測 예측」 등의 명사와 함께 자주 사용된다. 「～に反する+명사 (～에 반하는)」의 형태로 명사를 수식한다.

この製品<small>せいひん</small>は予想<small>よそう</small>に反<small>はん</small>して、意外<small>いがい</small>と売<small>う</small>れています。
이 제품은 예상에 반해서 의외로 팔리고 있습니다.

法律<small>ほうりつ</small>に反<small>はん</small>していなければ、何<small>なに</small>をしてもいいというわけではない。
법률에 반하지 않으면 무엇을 해도 괜찮다는 건 아니다.

このクラスの生徒<small>せいと</small>は先生<small>せんせい</small>の期待<small>きたい</small>に反<small>はん</small>する行動<small>こうどう</small>ばかりしている。
이 반의 학생은 선생님의 기대에 반하는 행동만 하고 있다.

✓ 체크　彼女<small>かのじょ</small>は見<small>み</small>た目<small>め</small>(① に基<small>もと</small>づいて　② に反<small>はん</small>して)とても優<small>やさ</small>しい人<small>ひと</small>だった。

137

～に基<small>もと</small>づいて　～에 근거해서, ～을 기초로 해서, ～을 토대로

● 접속 | 명사

유사표현 | ～をもとにして ～을 근거로 해서

어떤 행동이나 판단에 대한 근거를 말할 때 사용하는 표현이다. 「～に基づく・～に基づいた+명사 (～에 근거한)」의 형태로 명사를 수식한다.

前年度<small>ぜんねんど</small>の実績<small>じっせき</small>に基<small>もと</small>づいて、ボーナスが支給<small>しきゅう</small>されます。
전년도의 실적에 근거해서 보너스가 지급됩니다.

実験<small>じっけん</small>データに基<small>もと</small>づいた結果<small>けっか</small>なので、間違<small>まちが</small>いないと思<small>おも</small>う。
실험 데이터에 근거한 결과이기 때문에 틀림없을 거라고 생각합니다.

「個人情報の保護に関する法律」に基づき、処分されます。
'개인 정보 보호에 관한 법률'에 근거해서 처분됩니다.

✅ 체크   自分の_____ _____ ★_____人気を得ている。
① 小説が　　　② 基づいて　　　③ 経験に　　　④ 書かれた

138

～にもほどがある   ~에도 정도가 있다

접속 | 명사/な형용사의 어간/동사・い형용사의 사전형

어떤 일을 허용할 수 있는 범위가 있어서 그 정도를 넘은 일에 대한 비난이나 비판을 나타낼 때 사용한다.

親に甘えるにもほどがある。いい加減にしなさいよ。
부모에게 응석 부리는 것도 정도가 있다. 적당히 좀 해.

またお金を貸してくれとはずうずうしいにもほどがある。
또 돈을 빌려 달라고 하다니 뻔뻔한 것도 정도가 있다.

わがままにもほどがある。周りの話にも耳を貸しなさい。
제멋대로인 것도 정도가 있다. 주위 이야기에도 귀를 기울여.

✅ 체크   こんな時間に電話をするなんて、迷惑にも(① ほどがある　② ことがある)。

139

～抜きに(して)・～抜きで ～을 생략하고, ～없이

● 접속 | 명사

(1) 어떤 것을 생략하고 다른 동작을 한다는 의미이다.
(2) 제시하는 내용을 생략하면 그 일이 성립되기 어렵다는 의미이다. 동사「抜く 빼다」를 활용한 문형으로 뒤에 부정 표현이 온다.

堅苦しい挨拶は**抜き**にして、さっそく本論に入りましょう。(1)
딱딱한 인사는 생략하고 바로 본론으로 들어갑시다.

私は本気だから冗談**抜き**で真面目に考えてください。(1)
나는 진심이니까 농담은 빼고 진지하게 생각해 주세요.

今の現代人の生活はスマホ**抜き**には語れない。(2)
요즘 현대인의 생활은 스마트폰을 빼고는 이야기할 수 없다.

✓ 체크   仕事の話は(① もとにして ② 抜きにして)、今日はバンバン飲もう。

140

～ぬく 끝까지 ～하다

● 접속 | 동사의 ます형

➕ 플러스 ～ぬく VS ～切る/～切れる 013

(1) 어떤 일을 끝까지 해냈다는 의미이며, 어려움을 극복하고 마지막까지 최선을 다했다는 뉘앙스가 담겨 있다.
(2) 어떠한 특정 상황을 강조하는 의미도 있다.

いろいろ大変なこともあったけど、最後まで**やりぬいた**。(1)
여러 가지 힘든 일도 있었지만 마지막까지 해냈다.

初めての出場だったのに、42.195kmを走りぬくなんてすごいね。(1)
처음 출전인데도 42.195km를 끝까지 뛰다니 대단하네.

何日も考え抜いた結論だから、変えるつもりはない。(2)
며칠이나 생각한 끝에 내린 결론이므로 바꿀 생각은 없다.

✓ 체크   お金に_____ _____ ★ _____決心した。
　　　　① 帰ろうと　　② 国へ　　③ 末に　　④ 困りぬいた

141

～向きだ/～向けだ　～에 적합하다/ ～용이다, ～가 대상이다

접속 | 명사

「～向きだ」는 어떤 대상에 적합한 내용이라는 의미이며, 「～向けだ」는 적절성 여부는 관계없이 단순히 그것을 대상으로 했다는 의미이다. 「～向きに/～向けに(～적합하게/～용으로, ～대상으로)」의 형태로도 사용하며, 「～向きの/～向けの+명사(～에 적합한/～용의, ～대상인)」형태로 명사를 수식한다.

引っ越しのバイトは体力が要るので、若い人向きだ。
이사 아르바이트는 체력이 필요하기 때문에 젊은 사람에게 적합하다.

このラケットは初心者向きじゃなくて、プロ向きだ。
이 라켓은 초보자에게 적합하지 않고 프로에게 적합하다.

私は留学生向けの日本語の雑誌を作っています。
나는 유학생을 대상으로 하는 일본어 잡지를 만들고 있습니다.

✓ 체크   このプリンは大人(① 向けに　② ために)甘さを抑えてある。

142

～(に)もかまわず　～도 개의치 않고, ~도 신경 쓰지 않고

● 접속 | 명사/동사의 사전형の

● 유사표현 | ～にもかかわらず ～임에도 불구하고

제시하는 내용이 중요한 고려의 대상이 아니라는 의미이다. 동사「かまう 상관하다, 마음 쓰다」를 활용한 문형이다.

子供は服が濡れるのもかまわず川で遊んでいる。
아이는 옷이 젖는 것도 개의치 않고 강에서 놀고 있다.

人目もかまわず、電車内で座り込んで騒いでいる若者もいる。
남의 눈도 신경 쓰지 않고 전철 안에 앉아서 떠드는 젊은이들도 있다.

世間からの批判にもかまわず、首相は法案を通した。
세상으로부터 비판에도 개의치 않고 수상은 법안을 통과시켰다.

✓ 체크　足に怪我をしたのも(① かかわらず　② かまわず)、最後まで走りぬいた。

143

～下で　～밑에서

● 접속 | 명사 + の

어떤 것의 영향력이 미치는 범위하에 있다는 의미이며, 한자「下」를「した」로 읽지 않도록 주의해야 한다.

私は慶応大学の大島教授の下で研究を続けています。
나는 게이오 대학의 오시마 교수님 밑에서 연구를 계속하고 있습니다.

子供は風の子だ。冬でも大空の下で遊ぶのが一番だ。
아이는 바람의 아이들이다. 겨울이라도 넓은 하늘 아래서 노는 것이 제일이다.

ストーカー行為は「愛」という名の下で行われる犯罪だ。
스토커 행위는 '사랑'이라는 이름 하에 행해지는 범죄이다.

✅ 체크 池田教授の指導の(① もとで ② したで)論文を書いている。

144

～ものだから   ~이기 때문에, ~하므로

접속 | 명사・동사・い형용사・な형용사의 명사 수식형(명사의 현재형 な 접속)

➕ 플러스 ～ものだから VS ～ことだから 061

어떠한 이유로 그렇게 할 수밖에 없었다는 개인적인 이유, 변명 등을 설명할 때 자주 사용하는 표현이다. 뒤에 의지, 명령 등의 표현은 사용할 수 없다. 예 暑いものだから窓を開けてください。
「もので」의 형태로도 사용하며, 좀 더 회화적인 표현으로는 「～もんだから」를 사용한다.

昨日は久しぶりに暇だったものだから、夜遅くまで飲んだ。
어제는 오랜만에 한가했기 때문에 밤늦게까지 마셨다.

朝から体の具合が悪かったもので、欠席したわけです。
아침부터 몸 상태가 나빴기 때문에 결석한 것입니다.

人身事故で電車が止まったものだから、遅れてしまいました。
인명 사고로 전철이 멈췄기 때문에 늦었습니다.

✅ 체크 残業で疲れた(① ことで ② もので)、約束をうっかり忘れてしまった。

145

~ようで(は) ~할 것 같은데

● 접속 | 동사・い형용사・な형용사의 명사 수식형

앞에서 말하는 내용이 실제로는 그렇지 않다는 의미로, 주로 겉모습에서 느껴지는 느낌이나 인상이 실제로는 그렇지 않다는 의미로 쓰인다.「~ようでは」의 형태로 앞에서 제시하는 내용으로는 어떤 일이 성립되기 힘들다는 의미로 사용한다.

知っているようで、意外と知らないマナーについて紹介します。
알고 있는 것 같지만 의외로 모르는 매너에 대해서 소개하겠습니다.

あの二人は似ているようで、実はまったく違う。
저 두 사람은 닮은 것 같은데 사실은 전혀 다르다.

子供の可能性を信じられないようでは子供の将来はない。
아이의 가능성을 믿지 못해서는 아이의 장래는 없다.

✓ 체크 彼女は優しい(① ようで ② もので)、時には冷たい人です。

146

~わりに(は) ~에 비해서(는), ~치고(는)

● 접속 | 명사・동사・い형용사・な형용사의 명사 수식형
유사표현 | ~にしては ~치고는

어떤 상태가 예상하거나 기대하는 것과 다르다는 의미로, 긍정적 평가와 부정적 평가에 모두 사용한다.

梅雨のわりには、意外と蒸し暑くない。
장마치고는 의외로 무덥지 않다.

時間をかけた**わりには**、この作品の完成度は高くない。
시간을 들인 것에 비해서는 이 작품의 완성도는 높지 않다.

彼は仕事の経験がない**わりに**うまくやっています。
그는 일의 경험이 없는 것에 비해서는 잘하고 있습니다.

✓ 체크　値段が＿＿＿ ＿＿ ★ ＿＿、よく売れている。
　　　　① よくて　　② わりに　　③ 安い　　④ 品質が

147

～を兼ねて　～을 겸해서

접속 | 명사

유사표현 | ～ついでに ～하는 김에

어떤 동작이 본래의 목적 외에도 다른 목적을 가지고 행해진다는 의미이다. 동사「兼ねる 겸하다」를 활용한 문형이다.

趣味を兼ねて作っていたダンボール工作が商品化された。
취미를 겸해서 만들었던 종이 공작이 상품화되었다.

旅行を兼ねてスペインのプリメーラ・リーグ観戦に行く。
여행을 겸해서 스페인 프리메라 리그를 관전하러 간다.

町の住民が散歩を兼ねて防犯パトロールを行っている。
동네 주민이 산책을 겸해서 방범 순찰을 실시하고 있다.

✓ 체크　出張を (① 兼ねて　② ついでに) 香港の友人宅を訪問してきた。

148

～をたよりに ～에 의지해서

● 접속 | 명사

어떤 대상에 의지하거나 기댄다는 의미이며, 동사 「頼る 기대다, 의지하다」를 활용한 문형이다. 「～をたよりにして」의 형태로도 사용한다.

ネットの情報だけをたよりにするのは危ない。
인터넷 정보만을 의지하는 것은 위험하다.

持ち前の体力をたよりに、サンティアゴ巡礼旅行をしている。
타고난 체력에 의지해서 산티아고 순례 여행을 하고 있다.

カーナビをたよりに運転していると、方向音痴になった気がする。
내비게이션을 의지해서 운전하고 있으면 방향치가 된 것 같은 느낌이 든다.

✓ 체크　記憶を(① ぬきに　② たより)にして、犯人の顔をかいてみた。

149

～をひかえて ～을 앞두고

● 접속 | 명사

어떤 일이 바로 앞으로 다가왔음을 말할 때 사용하는 표현이며, 동사 「控える (시간적으로) 가까이에 있다, 앞두다」를 활용한 문형이다. 「～をひかえた + 명사 (～을 앞둔)」의 형태로 명사를 수식한다.

ワールドカップをひかえた選手らはみんな緊張している。
월드컵을 앞둔 선수들은 모두 긴장하고 있다.

夏をひかえて、今日プールの掃除をした。
여름을 앞두고 오늘 수영장 청소를 했다.

マラソン大会をひかえて、軽いジョギングを始めた。
마라톤 대회를 앞두고 가벼운 조깅을 시작했다.

✓ 체크   帰省(① をひかえて ② めぐって)、家族へのお土産を買った。

150

～をもとに(して)　～을 토대로(해서), ～을 기초로(해서)

접속 | 명사

어떤 것의 재료·힌트·근거 등을 말할 때 사용하며, 「～をもとにした＋명사 (～을 토대로 한)」의 형태로 명사를 수식한다.

試験の成績をもとにしてクラス分けを実施します。
시험 성적을 기초로 반 편성을 실시합니다.

自然から得られた建材をもとに、家を作った。
자연으로부터 얻어진 건축 재료를 토대로 집을 지었다.

この小説は本当の話をもとにして書かれたそうだ。
이 소설은 사실을 토대로 해서 쓰였다고 한다.

✓ 체크   お客様の _____ ★ _____ _____ 立てている。
　　　　① サービス　　② 声を　　③ もとにした　　④ 改善計画を

워밍업

1 한국어 해석을 참고로 괄호 안에 들어갈 말로 알맞은 것을 고르세요.

1. 口うるさい社長の(　)働いています。
   잔소리가 많은 사장님 밑에서 일하고 있습니다.

2. こんな事も分からない(　)だめだよ。
   이런 것도 모르면 안 돼.

3. あの人は年の(　)若く見えますね。
   저 사람은 나이에 비해서는 젊어 보이네요.

4. 新年のごあいさつを(　)、明日お伺いしたいのですが、宜しいでしょうか。
   신년 인사를 겸해서 내일 찾아뵙고 싶습니다만 괜찮으시겠습니까?

5. 子供(　)商品ですが、大人が使っても問題はありません。
   어린이용 상품이지만 어른이 사용해도 문제는 없습니다.

6. 君、遅刻するにも(　)よ。
   너, 지각하는 것도 정도가 있어.

7. 住民の意向に(　)再開発が進んでいる。
   주민의 의향에 반한 재개발이 진행되고 있다.

8. 北野さんは奥さんがいるのも(　)、浮気している。
   기타노 씨는 부인이 있는데도 바람을 피우고 있다.

9. 週末の試合を(　)、毎朝野球の練習をしています。
   주말 경기를 앞두고 매일 아침 야구 연습을 하고 있습니다.

10. 悩み(　)末に、友達にお金を貸すことにしました。
    엄청 고민한 끝에 친구에게 돈을 빌려주기로 했습니다.

---

① ひかえて　② 兼ねて　③ 抜いた　④ わりには　⑤ 下で
⑥ ようでは　⑦ ほどがある　⑧ かまわず　⑨ 向けの　⑩ 反した

2 힌트를 참고로 괄호 안에 들어갈 알맞은 문형을 찾아 쓰세요.

11. 母は子(　　)たよりに東京に出て来ました。

12. 今年の夏は暑い(　　)ですから、ビールが飛ぶように売れています。

13. 過去のデーター(　　)もとにして結果が導き出されました。

14. うるさいにも(　　)があるよ。

15. 私は大家族の下(　　)育ちました。

> **힌트**
> ① と ② が ③ に ④ もの ⑤ ほど ⑥ こと ⑦ くらい ⑧ を ⑨ で ⑩ は

3 다음 문장을 잘 읽고 괄호 안에 들어갈 말로 알맞은 것을 고르세요.

16. お世辞(① に反して ② 抜きで)、君は英語の発音はいいよ。

17. 男性の証言(① に基づいて ② に際して)犯人が特定された。

18. 日本輸出(① 向けに ② 向こうに)100ボルトで作った電化製品です。

19. 高学年の算数って簡単な(① ようで ② ように)難しいんだよ。

20. 趣味(① にあたって ② を兼ねて)小説を書いています。

> **정답**
> 1 ⑤　2 ⑥　3 ④　4 ②　5 ⑨　6 ⑦　7 ⑩　8 ⑧　9 ①　10 ③
> 11 ⑧　12 ④　13 ⑧　14 ⑤　15 ⑨　16 ②　17 ①　18 ①　19 ①　20 ②

합격 공략 | 실전 연습 10

問題7 次の文の（　　　）に入れるのに最もよいものを、1・2・3・4から一つ選びなさい。

[1] 英語が苦手（　）、外国人に話しかけられた時、つい逃げてしまいました。

1　から　　　　2　ので　　　　3　のことだから　　4　なものだから

[2] 萌さんはダイエット中（　）、毎日お菓子ばかり食べているよ。

1　かまわず　　2　にかまわず　　3　にもかまわず　　4　のにもかまわず

[3] 試合で（　）悔しそうにしていない。

1　負けたわりには　　　　　　2　負けたと見えて
3　負けるに伴って　　　　　　4　負けるおそれがあり

[4] 行きたくなかったのに、私の（　）海外への転勤を命じられた。

1　希望通りに　　2　希望に反して　　3　希望とともに　　4　希望に沿って

[5] この映画は実話（　）作られたノンフィクション作品です。

1　はともかく　　2　をもとにして　　3　に反して　　4　にあたって

[6] この数学の問題の解き方を理解している（　）理解していない。

1　ようは　　　　2　ように　　　　3　ようでは　　　　4　ようで

[7] 長谷川「明日の約束だけど、やっぱり明後日に変えてくれない？」
江島「君、自分勝手（　）よ。もう5回も変えてあげたじゃないか。」

1　にもほどがある　　2　でもことがある　　3　なところだ　　4　なわけがない

[8] 試験問題を解く際は、試験官の開始の合図（　）解きはじめてください。その前に問題文を読んだ場合は不正行為になります。

1　以前に　　　　2　の下で　　　　3　に先立って　　　　4　を控えて

問題8　次の文の＿★＿に入る最もよいものを、1・2・3・4から一つ選びなさい。

9　吹雪（ふぶき）の中、＿＿＿ ＿★＿ ＿＿＿ ＿＿＿しまった。

　　1　娘の命を（むすめのいのち）　2　亡（な）くなって　3　守（まも）り抜いた　4　父は

10　この大災害（だいさいがい）から復興（ふっこう）するには、＿＿＿ ＿★＿ ＿＿＿。

　　1　抜きには　2　不可能（ふかのう）だ　3　資金援助（しきんえんじょ）　4　政府（せいふ）による

11　理論（りろん）に＿＿＿ ＿★＿ ＿＿＿ ＿＿＿うまくいかない。

　　1　なかなか　2　基（もと）づき　3　繰（く）り返（かえ）しているが　4　実験（じっけん）を

12　旅行と＿＿＿ ＿★＿ ＿＿＿ ＿＿＿を楽しむつもりです。

　　1　を兼（か）ねて　2　短期滞在（たんきたいざい）
　　3　語学学習（ごがくがくしゅう）　4　オーストラリアでの

13　勉強のために日本のドラマを見ていますが、＿＿＿ ＿＿＿ ＿★＿ ＿＿＿います。

　　1　をたよりに　2　字幕（じまく）　3　理解して　4　内容を

14　1週間後に＿＿＿ ＿★＿ ＿＿＿ ＿＿＿が慌（あわ）ただしそうにしている。

　　1　新規（しんき）オープンを　2　従業員（じゅうぎょういん）　3　準備（じゅんび）に追（お）われた　4　控（ひか）えた店内（てんない）では

15　「申（もう）し訳（わけ）ございません。電車が＿＿＿ ＿★＿ ＿＿＿ ＿＿＿。」
　　「ま、しょうがないですね。」

　　1　遅刻（ちこく）して　2　ものですから　3　しまいました　4　遅（おく）れていた

16　高齢人口（こうれいじんこう）が増えているので、最近はどこに行っても＿＿＿ ＿＿＿ ＿★＿ ＿＿＿ようになった。

　　1　向きに　2　お年寄（としよ）り　3　開発（かいはつ）された商品（しょうひん）を　4　見掛（みか）ける

합격 공략 | 실전 연습 10

問題9 次の文章を読んで、文章全体の内容を考えて 17 から 21 の中に入る最もよいものを、1・2・3・4から一つ選びなさい。

　日本では、まだ学習障害への理解が十分でなく、子どもたちもその両親も、さまざまな誤解のなかで苦しんできました。その子にわかる教育がされなかったために、わからないまま義務教育を終えていった子、勉強で悩んで不登校になった子もたくさんいます。

　1990年、学習障害の子を持つ親の会の全国組織ができました。そういう動きのなかで、学習障害の子どもたちや、勉強についていけない子どもたちに対して、先生が 17 配慮や方法の研究が公的な機関でもされるようになりました。 18 それはまだ始まったばかりです。

　学習障害の子どもたちのなかには、通常学級にいながら、ことばの面が苦手な場合はことばの教室に、気持ちのコントロールがうまくできなくて苦しんでいる場合は情緒の学級に通って、そうした苦手を克服しようとしている子がいます。

　でも、学習障害の子どもたち 19 特別なクラスは、まだとても少ないのです。もともと教育の場では、一人ひとりの子の発達にあった、その子が必要とする援助を行うために、きめ細やかな対応がされるべきです。もっといろいろな学級があり、それぞれが尊重し合いながら、必要な場所を利用し、学べるように 20 。

　通常学級のなかでも、一人ひとりの子について「勉強のどこで、どんなふうにつまずいているのか。」を知ることは、とても大切なことです。子どもたちも、「ここがわからない。」と、先生に自由に言えるようなクラスになれば、どんなにいいでしょう。先生と子どもが信頼し合える関係で結ばれるとき、 21 すばらしい勉強の場が生まれることでしょう。

17
1 教わるとともに　　　　　　2 教わるにあたって
3 教える際の　　　　　　　　4 教えるところを見ると

18
1 すなわち　　2 したがって　　3 ですが　　4 その上

19
1 における　　2 向けの　　3 抜きで　　4 の上に

20
1 なるおそれがあります　　　　2 なっていくべきです
3 いきっこないです　　　　　　4 いかないですみます

21
1 すっきりと　　2 さっさと　　3 きっと　　4 じっと

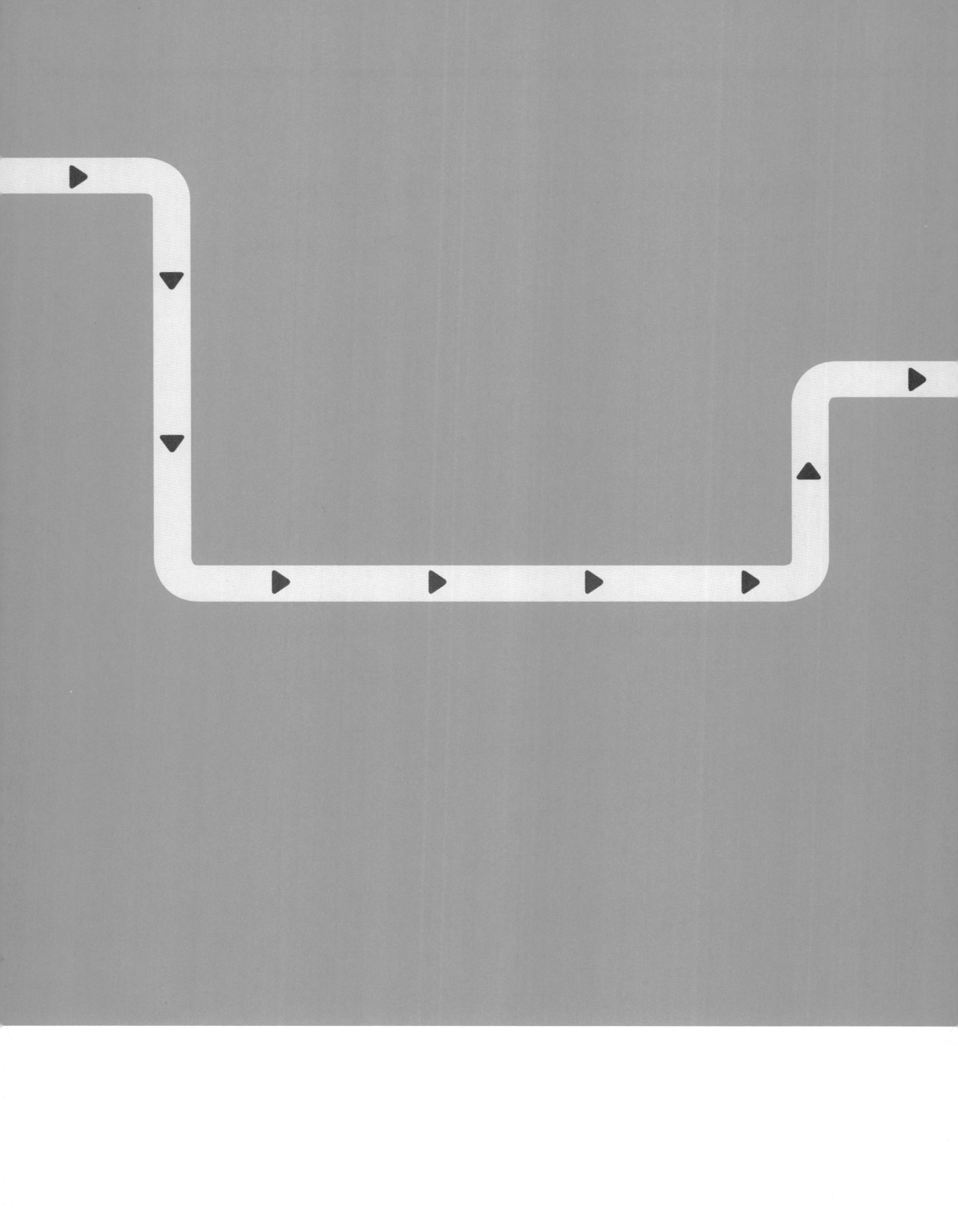

PART 4

실전 공략

모의고사 01 198
모의고사 02 204
모의고사 03 210

〈PART4 실전 공략〉에서는 문법 문제로 구성된 모의고사 3회분을 풀이합니다. 실제로 시험을 보는 것처럼 시간을 정해 두고 문제를 풀이하세요. 문제를 다 푸는 데 걸린 시간과 정답의 개수를 기록하면서 시험을 보기 전 마지막으로 실력을 점검합니다.

실전 공략 | 모의고사 01

問題7 次の文の（　　　）に入れるのに最もよいものを、1・2・3・4から一つ選びなさい。

1 別れた女とは（　　　）と思っているが、携帯電話の電話帳から番号を消去できない。

1　会いまい　　　2　会わまい　　　3　会うまい　　　4　会ってまい

2 母の着物があったので、成人式に着ていく着物を（　　　）。

1　借りずにすんだ　　　　　　2　借りなくもなかった
3　借りるわけだ　　　　　　　4　借りようがない

3 「なんで、ピーマンだけ残すの？」「だって（　　　）。」

1　まずいんだっけ　　　　　　2　味が悪いわけだよ
3　おいしくないんだもん　　　4　嫌いなことか

4 あの人（　　　）我慢できなかったのだろう。怒って出て行ってしまった。

1　にして　　　2　にしたら　　　3　に応じて　　　4　に向けて

5 「うちの子（　　　）そんな悪さはしません。」という親が増えてきたという。

1　に基づいて　　　2　に際して　　　3　にして　　　4　に限って

6 私のおばは、80歳(　　)海外旅行をした。

1　と見えて　　　　　　　　　2　になってはじめて

3　にしても　　　　　　　　　4　といった

7 矢部さん(　　)、来月一緒に金沢へ旅行に行きませんか。

1　からも　　2　くらいなら　　3　からいって　　4　さえ良ければ

8 「息子がこの店を継ぎたがらないので困っているんですよ。」

「そうですか。伝統の店ですからね。ぜひ継いでほしいですよね。」

「そうなんですよ。伝統120年のこの店を、私の代で(　　)んですよ。」

1　潰すわけにはいかない　　　　2　潰すどころではない

3　潰してたまらない　　　　　　4　潰さなくもない

9 大賀君とは同窓会で(　　)、富岡君の結婚式で10年ぶりに会った。

1　会うことから　　　　　　　　2　会ったきりだったが

3　会い次第　　　　　　　　　　4　会った際には

10 写真撮影の腕(　　)、久米さんの右に出る者はいない。

1　に伴って　　2　くらいなら　　3　だけあって　　4　にかけては

실전 공략 | 모의고사 01

11 飼い猫が昨日死んだ。なんと(　　)。涙が出てくるよ。

　　1　残念なところか　2　悲しいことか　3　寂しいわけがない　4　泣きやしない

12 あの人は考え過ぎる(　　)、次の仕事に進むのに時間が掛かるんですよ。

　　1　ことなく　　　2　わりには　　　3　きらいがあるから　4　気味で

問題8　次の文の＿★＿に入る最もよいものを、1・2・3・4から一つ選びなさい。

13　タワーマンションの建設＿＿＿＿ ＿★＿ ＿＿＿＿ ＿＿＿＿が開かれました。

　　1　説明会　　　　2　に先立って　　3　集めて　　　　4　住民を

14　全然勉強しないわが子を見ていると、＿＿＿＿ ＿＿＿＿ ＿★＿ ＿＿＿＿、言いたい気持ちを抑えています。

　　1　いられないんです　　2　けど　　3　小言を　　　　4　言わずには

15　向こうから、＿＿＿＿ ＿★＿ ＿＿＿＿ ＿＿＿＿。警察に連絡しなくちゃ。

　　1　走って来た　　2　血だらけの　　3　男が　　　　4　手が

16　僕は三日坊主だから、＿＿＿＿ ＿★＿ ＿＿＿＿ ＿＿＿＿んですよ。

　　1　全部　　　　　　　　　　　　2　何冊もある
　　3　やりかけの問題集が　　　　　4　解いていない

17　車で旅行に行くの？＿＿＿＿ ＿＿＿＿ ＿★＿ ＿＿＿＿よ。

　　1　に限る　　　　2　渋滞知らずの　　3　電車で行く　　4　旅行に行くなら

실전 공략 | 모의고사 01

問題9 次の文章を読んで、文章全体の内容を考えて 17 から 21 の中に入る最もよいものを、1・2・3・4から一つ選びなさい。

　老若男女を問わず、誰でも持っていると言える携帯電話。今やスマートフォンで色々なことができる。しかし90年代前半から半ば 18 は、携帯電話は一部のビジネスパーソンが使用する物で、一般の人には90年代後半から普及し始めた。

　1995年の夏、僕は友達と三人で北海道の夕張に行った。夕張は、高度経済成長期は炭坑で栄え、その後石炭から石油へのエネルギー政策の転換により、炭坑は 19 閉山され、現在はメロン栽培で有名な所になっている。中学三年生だった僕らはこの夕張に旅行で訪れた。

　夜は無人になる夕張駅に22時頃に着いた。 20 夕張駅は、鉄道路線廃線のため2019年4月に廃駅になった。夕張駅から徒歩10分の所にある宿に向かって、歩いていたが、歩いても歩いても宿は見当たらなかった。電話をして場所を聞きたくても、田舎なので公衆電話も見付からなかったのだ。しばらく歩いているとガソリンスタンドが見えた。そこで給油中のお兄さんに公衆電話の場所を 21 、携帯電話を僕らに差し出し、「これ、使っていいよ。」と言ってくれた。生まれてはじめて実際に見る携帯電話、もちろん使うのも初めてだったので、ちょっと緊張した。宿に電話を掛け場所を聞いた。どうやら駅からの道を反対方向に歩いてきてしまったようだ。お兄さんにお礼を言い、電話代として百円玉を差し出したら、「いいよ。気を付けてね。」と言ってくれた。

　この時代の携帯電話は重かった。この重量感は、 22 。

18

1　にかけて　　　2　に沿って　　　3　をたよりに　　　4　をひかえて

19

1　なるべく　　　2　いかに　　　　3　次々と　　　　4　依然として

20

1　だって　　　　2　改めて　　　　3　しばしば　　　4　ちなみに

21

1　尋ねたばかりか　　　　　　　　2　尋ねたところ
3　尋ねても　　　　　　　　　　　4　尋ねたからには

22

1　いい記憶でなければならなかった　2　記憶にしてもかまわない
3　今でも記憶に残っている　　　　　4　記憶しがたい事実だ

실전 공략 | 모의고사 02

問題7 次の文の（　　　）に入れるのに最もよいものを、1・2・3・4から一つ選びなさい。

1 「先月からずっと胸が痛むんですよ。」
「それは恋の病ですね。（　　）相手にまず告白することですね。」

1　治さないことには　　　　2　治すにしては
3　治すには　　　　　　　　4　治さないうちに

2 今の会社の経営状態（　　）年末のボーナスは望めないだろう。

1　ようならば　　2　からすると　　3　にあたって　　4　としたら

3 記録的な暑さのため、熱中症（　　）死亡者が出ている。

1　うえに　　　2　による　　　3　とする　　　4　ことから

4 正月を目前（　　）、玄関先に門松を飾る家庭が増えてきた。

1　にひかえて　　2　をたよりに　　3　をはじめとして　4　にしては

5 台風で運休中の越後線は、天候が（　　）運転を再開します。

1　回復するどころか　　　　2　回復に向けて
3　回復し次第　　　　　　　4　回復できるものなら

6 入院をしていたが、保険に入っていたので医療費を(　　)。

1　負担せざるを得なかった　　　　2　払ってもはじまらない

3　負担せずにすんだ　　　　　　　4　払わないわけにはいかない

7 京都は歴史の深い町です。一度行ってみる(　　)のことはあります。

1　はず　　　　2　ばかり　　　　3　ほど　　　　4　だけ

8 「最近、ゴルフ熱が(　　)練習不足だったんですよ。」
「それにしてもこの大会のスコアは悪すぎと思わない？」

1　冷めにくいので　　　　　　　　2　冷め気味で

3　冷めがたくて　　　　　　　　　4　冷めながら

9 熱湯を使用しますので、注ぐ(　　)と、ふたを外す(　　)は、やけどに十分注意してください。

1　際　　　　2　次第　　　　3　末　　　　4　最中

10 最近、レートが上がる(　　)外貨で給料をもらっている人にはつらいよ。

1　ばかりか　　2　ばかりで　　3　だけではなく　　4　だけで

실전 공략 | 모의고사 02

11 社員「課長、すみません。朝から頭痛がおさまらないんですが、(　　　)。」

　　課長「それは大変だね。早く帰って休んでください。そして病院にも行った方がいいかもしれないよ。」

1　早退していただけませんか
2　早退になれませんか
3　早退されてもよろしいですか
4　早退させていただけないでしょうか

12 一国だけでは(　　　)問題なので、今は何を期待しても無駄だろうと思う。

1　直すはずだった
2　直しようがない
3　直しつつある
4　直すかけの

問題8 次の文の ___★___ に入る最もよいものを、1・2・3・4から一つ選びなさい。

13 「もう待ち合わせの時間を過ぎているのに来ないね。電話にも出ないし。」
　　「宮岡(みやおか)はいつも朝寝坊するから、_____ _____ ★ _____ 。」

　　1　夢の中に　　　2　に違いない　　　3　まだ　　　　4　いる

14 _____ _____ ★ _____ 、その日の食べ物にも困る人が多い国もあります。

　　1　国がある　　　2　食品ロスのある　3　一方で　　　4　豊かな

15 _____ ★ _____ _____ 、自然の本来あるべき姿(すがた)を壊してきました。

　　1　手に入れながら　　　　　　2　産業や科学が
　　3　発達するにつれて　　　　　4　人は便利さを

16 _____ ★ _____ _____ 小説の書評のサイトを作ろうと思っています。

　　1　趣味を　　　2　漫画(まんが)と　　　3　兼ねて　　　4　勉強と

17 _____ _____ ★ _____ 、既存(きそん)スーパーの売り上げは急激(きゅうげき)に減っている。

　　1　利用客が　　2　ことから　　3　ネットスーパーの　4　増えてきた

실전 공략 | 모의고사 02

問題9　次の文章を読んで、文章全体の内容を考えて 17 から 21 の中に入る最もよいものを、1・2・3・4から一つ選びなさい。

　仕事を速く、そして完ぺきにこなすための重要なポイントは、全世界すべての人に共通します。それは「メモをとること」です。

　メモをとることは、だれでも簡単にできることですが、する人 18 しない人 18 では天と地の差があり、その後の成長まで大きく変えてしまう習慣です。仕事のできる人ほど記録に 19 。なぜなら人間の記憶なんて、一時的なものだからです。

　メモは、一度記録すれば消しゴムで消さない限り、一生涯残り続けるという効果があります。また、覚えることにエネルギーを使わないことです。記憶に膨大なエネルギーを使うと、そのほかのことにエネルギーがまわらなくなります。そのうち「あれ、 20 」ともう一度同じ話を聞くことになるのです。

　人間の記憶は、 21 変化し、記憶を曲げてしまうことだってありますが、記録は変化することはありません。ですから仕事を「早く完ぺき」にこなすために、これ以上ない大切なポイントになるのです。

　また、メモのおかげで「うっかり」や「指示の内容を忘れる」といったことがなくなります。手を動かして書く作業をすると、それと同時に脳にも刻み込まれることになり、より 22 、仕事への意識が強くなるのです。

18
1　に　　　　2　も　　　　3　と　　　　4　や

19
1　頼るしかありません　　　2　頼ろうとします
3　頼るわけではないです　　4　頼りようがありません

20
1　何っぽい　　2　何げ　　3　何なのか　　4　何だっけ

21
1　時とともに　　2　時にわりには　　3　時といった　　4　時とはいえ

22
1　めったに　　2　いっそう　　3　いったん　　4　ついに

실전 공략 | 모의고사 03

問題7　次の文の（　　　）に入れるのに最もよいものを、1・2・3・4から一つ選びなさい。

1 台風が上陸し交通がまひしたので、家に帰れず、会社に（　　　）。

1　泊まるものではなかった　　　2　泊まらずにはいられなかった
3　泊まらざるを得なかった　　　4　泊まらないですんだ

2 長髪なので女（　　　）男でした。後ろ姿だけでは判断できませんよ。

1　にしても　　2　かと思ったら　　3　ながらも　　4　としたら

3 「この派手な服は私に似合わないわね。私（　　　）ではないと思うわ。」
「私は似合うと思うよ。いつもと違う雰囲気でいいじゃない。」

1　向けて　　2　向き　　3　向かい　　4　向こう

4 新しい年を迎える（　　　）、おすすめのスポットや行事をご紹介します。

1　に伴い　　2　にかけて　　3　にあたり　　4　にそって

5 感電やけがの（　　　）ので、電源を切ってください。

1　きらいがあります　　　　2　違いがありません
3　はずがありません　　　　4　おそれがあります

6 今の状況は優しい彼（　　）我慢できなかったはずでしょう。

1　にしても　　　2　なりに　　　3　からには　　　4　もかまわず

7 その車にしたのはエコを意識（　　）、ただガソリン代が安くすむからです。

1　したにすぎなくて　　　　　　2　したわけじゃなく

3　するからこそ　　　　　　　　4　するだけあって

8 職員「フロントでございます。」

お客さん「シャワーが故障してしまったようで、お湯が出ないんですけど。」

職員「そうですか。ご不便をおかけして申し訳ありません。今すぐ（　　）。」

1　お目にかかります　　　　　　2　お越しになります

3　いらっしゃいます　　　　　　4　伺います

9 高価な物ほど、（　　）買いにくい。

1　試してほしくて　　　　　　　2　試させていただけると

3　試してからでないと　　　　　4　試してまで

10 このアルバムには（　　）思い出がたくさん詰まっている。

1　忘れがちの　　　　　　　　　2　忘れがたい

3　忘れるにかかわらず　　　　　4　忘れた末の

실전 공략 | 모의고사 03

11 この人形の動きは（　　）人が動いているかのように見える。

1　ぜひ　　　　2　まるで　　　　3　せっかく　　　　4　思わず

12 「すみません。相談があるんですが、ちょっといいですか。」
「こめんね。今、仕事で手が離(はな)せないので、あなたの相談に（　　）んだ。後にしよう。」

1　乗るに決まっている　　　　　2　乗ってもしかたがない

3　乗っているどころではない　　4　乗るはずだった

問題8　次の文の＿＿★＿＿に入る最もよいものを、1・2・3・4から一つ選びなさい。

[13] 箱を＿＿＿ ＿★＿ ＿＿＿ ＿＿＿出てきて、浦島太郎はおじいさんになってしまった。

1　中からモクモクと　　　　　2　開けた

3　とたんに　　　　　　　　　4　白い煙が

[14] お預けにならない＿＿＿ ＿★＿ ＿＿＿ ＿＿＿予めご了承ください

1　物品の破損などの事故　　　2　責任を

3　負いかねますので　　　　　4　については

[15] 飛行機が＿＿＿ ＿＿＿ ＿★＿ ＿＿＿意外と過ごしやすくて楽しかった。

1　予約した　　2　夜行フェリーを　3　ものの　　4　満席だったので

[16] 季節を＿＿＿ ＿★＿ ＿＿＿ ＿＿＿ように美しい花を咲かせています。

1　校庭の桜も　　　　　　　　2　春の訪れを

3　忘れることなく　　　　　　4　告げる

[17] 自分に自信が無くてつい＿＿＿ ＿★＿ ＿＿＿ ＿＿＿時がある。

1　になって　　2　しまう　　3　考えがち　　4　ネガティブに

실전 공략 | 모의고사 03

問題9　次の文章を読んで、文章全体の内容を考えて 17 から 21 の中に入る最もよいものを、1・2・3・4から一つ選びなさい。

　ときどき、仕事や恋愛など、自分には失敗経験が一度もないという人がいます。

　大勢の人が、そういう発言ができるような人間を目指そうとします。 18 「一度も失敗したことがありません。」という発言はすばらしい。

　 19 、どことなく「嫌み」が感じられませんか。「私は完ぺきなんです。あなたとは違うんです。」というニュアンスが伝わってくるのです。言葉として表現はしていませんが、そういう意味やニュアンスが伝わってくるから、言葉とは難しいものです。

　そういう人 20 、一度でも失敗をしてしまうと、急に隠したがるのです。本当は隠す必要はありません。堂々と「何度も失敗したことがあります」と言えばいいのです。人間ですから 21 。「何度でも失敗があります」と言えるほうが、はるかに人間味があり、魅力的です。

　数多くの失敗を経験している人のほうが、人の気持ちを理解できたり、話に共感できたりすることでしょう。ひとつも傷がついていないサムライよりも、体にところどころ傷跡のあるサムライのほうが強そうに見えます。

　「何度も失敗したことがあります。」とは自分で傷を見せる行為です。それは 22 、逆に高めているのです。

18

1　どうしても　　2　たしかに　　3　必ずしも　　4　とっくに

19

1　そして　　2　だから　　3　すると　　4　ですが

20

1　に限って　　2　に代わって　　3　に応じて　　4　に向けて

21

1　失敗はあってならない　　　　2　失敗はあって当然です

3　失敗することだった　　　　4　失敗するどころではない

22

1　自分を上げるついでに　　　　2　自分を下げる上に

3　自分を下げるどころか　　　　4　自分を上げるくらいなら

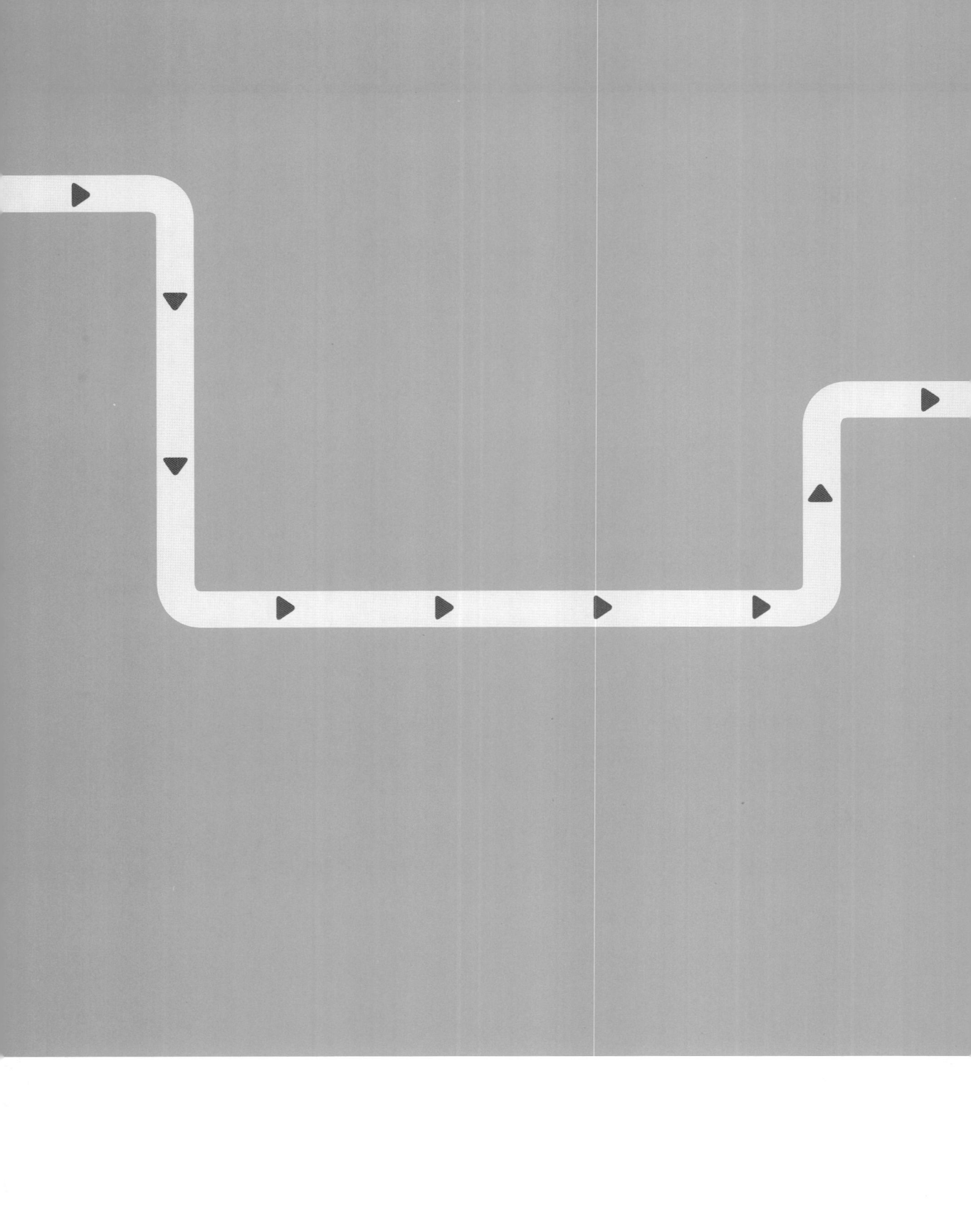

부록

- N2에 많이 출제되는 N3 문형 218
- 부사 정리 222
- 접속사 정리 229
- 경어 정리 232
- 색인 238
- 정답 확인 242

N2에 많이 출제되는 N3 문형

문형·뜻	예문
☐ 以^{いじょう}上 ～한 이상	二十歳^{はたち}を過^すぎた以上^{いじょう}は他人^{たにん}に頼^{たよ}ってはいけない。 스무 살을 넘긴 이상은 타인에게 의지하면 안 된다.
☐ ～(よ)うとする/～(よ)うとしない ～하려고 하다/～하려고 하지 않다	勉強^{べんきょう}しようとするとおなかが痛^{いた}くなる。 공부하려고 하면 배가 아파진다.
☐ ～おかげで/～おかげだ ～덕분에/～덕분이다	スマホの地図^{ちず}のおかげで、道^{みち}に迷^{まよ}わなかった。 스마트폰 지도 덕분에 길을 헤매지 않았다.
☐ ～かもしれない ～일지도 모른다, ～일 수도 있다	これでもだめだったら、あきらめた方がいいかもしれません。 이것으로도 안 된다면 포기하는 편이 좋을지도 모릅니다.
☐ ～がる/～がっている ～해 하다/～해 하고 있다	赤^{あか}ちゃんは何でも口に入れたがるので注意^{ちゅうい}してください。 아기는 뭐든지 입에 넣고 싶어하니까 주의해 주세요.
☐ ～くらい/～ぐらいだ ～정도/～정도이다	昨日^{きのう}は疲^{つか}れて、顔^{かお}を洗^{あら}う元気^{げんき}もないくらいだった。 어제는 피곤해서 세수할 기운도 없을 정도였다.
☐ ～ことで ～건으로, ～의 일로, ～로 인해	北海道^{ほっかいどう}は自然^{しぜん}がきれいなことで有名です。 홋카이도는 자연이 예쁜 것으로 유명합니다.
☐ ～ことはない ～할 필요는 없다, ～할 것까지는 없다	もう終わったことだから、そんなに気にすることはない。 이미 끝난 일이니까 그렇게 신경 쓸 것까지는 없다.
☐ ～ず(に) ～하지 않고, ～하지 않아서	彼は何のあいさつもせず、国^{くに}に帰ってしまった。 그는 아무런 인사도 하지 않고 고국으로 돌아가 버렸다.
☐ ～せいで/～せいか ～탓으로/～탓인지	昨日飲みすぎたせいで、気分^{きぶん}が悪い。 어제 과음한 탓에 속이 좋지 않다.

문형	예문
☐ ~そうだ ~라고 한다 (전문)	BTSは全世界で人気が高いそうです。 BTS는 전 세계에서 인기가 높다고 합니다.
☐ ~そうだ ~일 것 같다, ~해 보이다 (추측, 양태)	元気そうな赤ちゃんですね。男の子ですか。 건강해 보이는 아기네요. 남자아이인가요?
☐ ~たばかりだ 막 ~했다, ~한 지 얼마 안 되다	親に怒られたばかりなのに、また同じことを繰り返している。 부모님께 혼난 지 얼마 안 되었는데 또 똑같은 일을 반복하고 있다.
☐ ~たびに ~할 때마다, ~할 적마다	この部屋には入るたびに許可を取らなければならない。 이 방에는 들어갈 때마다 허가를 받아야만 한다.
☐ ~って(~んだって) ~라고, ~라는, ~래, ~하대, ~라도, ~은	明日の会議に参加できないって連絡があった。 내일 회의에 참석할 수 없다고 연락이 왔어.
☐ ~てばかりいる ~만 하고 있다	一人で悩んでばかりいてもしょうがないから、誰かに相談しよう。 혼자서 고민만 하고 있은들 방법이 없으니까 누군가에게 상담하자.
☐ ~てほしい/~ないでほしい ~해 주길 바란다/~하지 않기를 바란다	たくさんの人に見てほしくて無料で公開している。 많은 사람이 봐 줬으면 해서 무료로 공개하고 있다.
☐ ~という/~というような ~라고 하는, ~라는/~라는 (듯한)	ここは石垣という有名な島だけど、知ってる？ 여기는 '이시가키'라고 하는 유명한 섬인데 알아?
☐ ~というと・~といえば/~といったら ~라고 하면/~라고 말할 것 같으면	京都というと、古いお寺や神社などで有名な所です。 교토로 말할 것 같으면 오래된 절이나 신사 등으로 유명한 곳입니다.
☐ ~ということだ・~とのことだ ~라고 한다・~라는 것이다	一日にワイン一杯は体にいいとのことだ。 하루에 와인 한 잔은 몸에 좋다고 한다.

☐	~といっても ~라고 하더라도	給料が上がったといっても、あなたの半分にすぎないよ。 월급이 올랐다 하더라도 당신의 반에 불과해.
☐	~とおり(に) ~대로	人生は計画どおりに進まない時が多い。 인생은 계획대로 진행되지 않을 때가 많다.
☐	(もし)~としても/(もし)~としたって (만약) ~라 하더라도	もし明日雨が降るとしても、約束したから行きます。 만약 내일 비가 내린다 하더라도 약속했으니까 가겠습니다.
☐	~とは ~하다니, ~라니	異常気象といってもこんなに暑いとは、実に驚きですね。 이상기후라도 해도 이렇게 덥다니, 실로 놀랍군요.
☐	~なんか・~なんて・~など ~같은 것, ~따위	あんなに無責任な人が社長になんてなれるわけがない。 그렇게 무책임한 사람이 사장 같은 건 될 수 있을 리가 없어.
☐	~に応えて ~에 부응하여, ~을 수용해서	このチームは国民の期待に応えてたくさんのメダルを取った。 이 팀은 국민의 기대에 부응해서 많은 메달을 땄다.
☐	~に対して/~に対しても/ ~に対しては ~에 대해서/~에 대해서도/~에 대해서는	最近、国民の税金に対する不満が高まっている。 최근 국민의 세금에 대한 불만이 높아지고 있다.
☐	~につれて ~함에 따라서	PM2.5がひどくなるにつれて、屋外授業ができなくなってきた。 미세먼지가 심해짐에 따라서 야외 수업이 불가능하게 되었다.
☐	~には ~하려면	このプロジェクトをやり直すには時間が足りない。 이 프로젝트를 다시 하기에는 시간이 부족하다.
☐	~にわたって・~にわたり ~에 걸쳐서	論文を書くために、長期間にわたって資料を集めている。 논문을 쓰기 위해서 장기간에 걸쳐서 자료를 모으고 있다.

문형	예문
☐ ~ば ~하면	急げば間に合うから、走って行こう。 서두르면 시간에 맞출 수 있으니까 뛰어 가자.
☐ ~ばかりで/~ばかりだ ~하기만 해서(하고)/~하기만 하다	薬を飲んだのに、全然効かなくて痛くなるばかりだ。 약을 먹었는데도 전혀 효과가 없고 계속 아파지기만 한다.
☐ ~ほど/~ほどだ ~만큼, ~정도/~정도이다	彼の英語の実力は通訳ができるほどだ。 그의 영어 실력은 통역이 가능할 정도다.
☐ ~まま(で) ~한 채(로)	お茶のティーパックを入れたままにしておいても大丈夫ですか。 차 티백을 넣은 채로 두어도 괜찮습니까?
☐ ~みたいだ ~인 것 같다(추측)	このトラブルの原因は誰も知らないみたいですね。 이 문제의 원인은 아무도 모르는 것 같네요.
☐ ~ようだ ~인 것 같다 (추측)	風邪を引いたようなので、先に帰ってもいいですか。 감기인 것 같은데 먼저 돌아가도 될까요?
☐ ~ように ~하도록, ~하기를	「絶対合格できますように」と絵馬に書きました。 '반드시 합격할 수 있기를'이라고 에마(소원을 적는 나무판)에 적었습니다.
☐ ~ように・みたいに/~ような・~みたいな ~같이, ~처럼/~같은	私は新潟のような静かな町が好きです。 나는 니가타처럼 조용한 도시가 좋습니다.
☐ ~ようにする ~하도록 하다	無線LANを他人に使われないようにしましょう。 무선 랜을 타인이 사용하지 않도록 합시다.
☐ ~らしい ~인 것 같다(추측)	K-POPはもちろんK-FOODも世界的に人気らしい。 K-POP은 물론 K-FOOD도 세계적으로 인기라는 것 같아.

부사 정리

문형・뜻	예문
相(あい)変(か)わらず 여전히, 변함없이	久(ひさ)しぶりに会(あ)った木(き)村(むら)拓(たく)哉(や)は**相(あい)変(か)わらず**元(げん)気(き)そうだった。 오랜만에 만난 기무라 다쿠야는 변함없이 건강해 보였다.
あと 앞으로	試(し)合(あい)開(かい)始(し)まで**あと**10分です。 경기 개시까지 앞으로 10분입니다.
あまりに(も) 너무나	**あまりにも**楽(たの)しくて時(じ)間(かん)を忘(わす)れるほどだった。 너무나 즐거워서 시간을 잊을 정도였다.
予(あらかじ)め 미리, 사전에	地(じ)震(しん)に備(そな)えて**予(あらかじ)め**避(ひ)難(なん)場(ば)所(しょ)を調(しら)べておきましょう。 지진에 대비해서 미리 피난 장소를 조사해 둡시다.
いきなり 갑자기, 별안간	電(でん)車(しゃ)で隣(となり)の人(ひと)が、**いきなり**大(おお)声(ごえ)を出(だ)した。 전철에서 옆 사람이 갑자기 큰 소리를 냈다.
一(いち)応(おう) 일단	十(じゅう)分(ぶん)ではありませんが、**一(いち)応(おう)**出(で)来(き)上(あ)がりました。 충분하지는 않지만, 일단 완성되었습니다.
いずれ 어차피, 결국, 조만간, 언젠가는	人(ひと)はみんな、**いずれ**年(とし)を取(と)る。 사람은 모두 언젠가는 나이를 먹는다.
いずれにしても 어쨌든 간에	**いずれにしても**失(しっ)敗(ぱい)は目(め)に見(み)えている。 어쨌든 간에 실패는 눈에 보인다.
いつの間(ま)にか 어느새	ゲームをしていたら、**いつの間(ま)にか**朝(あさ)になっていた。 게임을 하고 있었더니 어느새 아침이 되어 있었다.
一(いっ)気(き)に 단번에, 단숨에	運(うん)動(どう)を始(はじ)めてから、**一(いっ)気(き)に**5キロぐらいやせました。 운동을 시작하고 나서 단번에 5kg 정도 살이 빠졌습니다.

☐	**いったい**	情報(じょうほう)が多すぎて、**いったい**何(なに)を信(しん)じればいいか判断(はんだん)できない。 정보가 너무 많아서 대체 무엇을 믿으면 좋을지 판단할 수 없다.
☐	**今(いま)さら** 이제 와서, 새삼스럽게	**今(いま)さら**後悔(こうかい)したって何(なに)も変(か)わらない。 이제 와서 후회해도 아무것도 바뀌지 않아.
☐	**今(いま)にも** 당장에라도, 곧, 금방	**今(いま)にも**雨(あめ)が降(ふ)り出(だ)しそうだから、傘(かさ)を用意(ようい)しましょう。 당장에라도 비가 내릴 것 같으니까 우산을 준비합시다.
☐	**いよいよ** 마침내, 드디어	**いよいよ**本番(ほんばん)が始(はじ)まりますね。 드디어 본방송이 시작되네요.
☐	**思(おも)い切(き)って** 과감히, 마음껏	迷(まよ)わず**思(おも)い切(き)って**計画(けいかく)どおり進(すす)めるつもりだ。 고민하지 말고 과감히 계획대로 진행할 생각이다.
☐	**かえって** 오히려	運動(うんどう)しすぎると**かえって**体(からだ)によくない。 운동을 지나치게 하면 오히려 몸에 좋지 않다.
☐	**かつて** 예전에, 일찍이	ここには**かつて**古(ふる)いお寺(てら)がありました。 여기에는 예전에 오래된 절이 있었습니다.
☐	**必(かなら)ずしも** 반드시~(라고는 할 수 없다)	高(たか)い物(もの)が**必(かなら)ずしも**品質(ひんしつ)がいいとは言(い)えない。 비싼 물건이 반드시 품질이 좋다고는 말할 수 없다.
☐	**仮(かり)に** 만약	**仮(かり)に**あなたが僕(ぼく)の立場(たちば)だったらどうするの？ 만약 네가 내 입장이라면 어떻게 할래?
☐	**きっと** 분명, 꼭, 반드시	これを知(し)ったら**きっと**がっかりするだろう。 이것을 알면 분명 실망할 것이다.

부사 정리 223

☐	**決(けっ)して** 결코, 절대로	この話を**決して**人に話してはいけない。 이 이야기를 절대로 다른 사람에게 말하면 안 된다.
☐	**この間(あいだ)** 요전, 전날	**この間**の件ですが、あの後どうなりましたか。 지난번 건 말인데요, 그 후 어떻게 되었습니까?
☐	**さっそく** 곧, 즉시, 빨리	ご注文いただいた商品は**さっそく**お送りします。 주문해 주신 상품은 즉시 발송하겠습니다.
☐	**さらに** 게다가, 더욱이	春のPM2.5は**さらに**ひどくなった。 봄의 초미세먼지는 더욱 심해졌다.
☐	**次第(しだい)に** 점차로, 점점	台風が近づいて**次第に**風が強くなった。 태풍이 접근해서 점점 바람이 강해졌다.
☐	**実(じつ)に** 실로, 매우	今度の作品は**実に**面白かった。 이번 작품은 매우 재미있었다.
☐	**しばらく** 잠깐, 잠시, 당분간	すぐ終わりますので、もう**しばらく**お待ちください。 금방 끝나니까 잠시만 더 기다려 주십시오.
☐	**せっかく** 모처럼, 일부러	**せっかく**のチャンスだったのに悔しいね。 모처럼의 찬스였는데 안타깝네요. **せっかく**ここまで来たから、海にも入ろう。 일부러 여기까지 왔으니까 바다에도 들어가자.
☐	**せめて** 적어도, 하다못해	めったに会えないから**せめて**声だけでも聞きたい。 좀처럼 만날 수 없으니 적어도 목소리만이라도 듣고 싶다.
☐	**ぜひ** 꼭, 제발	よろしければ**ぜひ**使ってみてください。 괜찮으시면 꼭 사용해 보세요.

☐ **そのうち** 곧, 조만간, 가까운 시일 안에	当せんされた方には**そのうち**ご連絡いたします。 당첨되신 분에게는 조만간 연락드리겠습니다.	
☐ **相当** 상당히	**相当**強い相手だよ。甘く見るな。 상당히 강한 상대야. 우습게 보지 마.	
☐ **だいぶ** 꽤, 상당히, 제법	日本の生活にも**だいぶ**慣れてきました。 일본 생활에도 제법 익숙해졌습니다.	
☐ **たしか** 아마도, 필시	「東野圭吾さんはどこの出身だったっけ。」 「**たしか**、大阪だったと思う。」 「히가시노 게이고 씨는 어디 출신이었더라?」 「아마 오사카 출신이었던 거 같아.」	
☐ **たしかに** 분명히, 확실히	**たしかに**雨の日はUSJもすいていますね。 확실히 비 오는 날은 USJ도 한가하네요.	
☐ **たとえ** 설령	**たとえ**批判を受けても、私はやるつもりだ。 설령 비판을 받더라도 나는 할 생각이다.	
☐ **例えば** 예를 들면	**例えば**神戸のような所に住んでみたいです。 예를 들면 고베 같은 곳에 살아 보고 싶습니다.	
☐ **たまに** 가끔	だいたいビールを飲みますが、**たまに**ワインも飲みます。 대부분 맥주를 마시지만, 가끔 와인도 마십니다.	
☐ **ちっとも～ない** 조금도 ~하지 않다	いくら練習しても**ちっとも**うまく**ならない**。 아무리 연습해도 조금도 능숙해지지 않는다.	
☐ **ちょうど** 마침, 꼭, 알맞게, 정확히	これくらいが**ちょうど**いいサイズだ。 이 정도가 딱 좋은 사이즈이다.	

☐ ついに 끝내, 마침내, 드디어	大変だったけど、ついにレポートを完成させることができた。 힘들었지만, 마침내 리포트를 완성할 수 있었다.	
☐ つまり 즉, 결국, 다시 말해	つまり彼女のことが好きだということですね。 즉 그녀를 좋아한다는 것이군요.	
☐ どうしても 아무리 해도, 꼭, 무슨 일이 있어도	仕事が多くて、どうしても旅行は無理です。 일이 많아서 아무리 해도 여행은 무리입니다. どうしても今日中に返事をしなければならない。 무슨 일이 있어도 오늘 중에 답변을 해야 합니다.	
☐ どうせ 어차피, 결국	今から走って行ってもどうせ間に合わないよ。 지금 뛰어가도 어차피 시간에 맞출 수 없어.	
☐ とうとう 드디어	長く付き合っていた二人はとうとう結婚した。 오래 사귀던 두 사람은 드디어 결혼했다.	
☐ どうも 아무래도, 어쩐지, 정말	どうもあの人が新しい社長のようだ。 아무래도 저 사람이 새로운 사장인 것 같다. どうもパソコンの調子がおかしい。 어쩐지 컴퓨터 상태가 이상하다.	
☐ どうやら 아무래도, 그럭저럭, 간신히	どうやらこのニュースは誤報らしい。 아무래도 이 뉴스는 오보인 것 같다.	
☐ とても 아주, 매우, 도저히	何も知らない彼に向かってこの話はとても言えない。 아무것도 모르는 그를 향해 이 이야기는 도저히 할 수 없다.	
☐ とりあえず 우선, 먼저, 일단	とりあえず、必要な書類を送っておきます。 우선 필요한 서류를 보내 두겠습니다.	
☐ どれだけ〜(こと)か 얼마나 〜한지	どれだけ寂しかったか君は分からないだろう。 얼마나 외로웠는지 너는 모를 것이다.	

☐	**どんなに** 얼마나, 아무리	娘が生まれた時、**どんなに**うれしかったことか。 딸이 태어났을 때 얼마나 기뻤던가. **どんなに**練習が大変でもあきらめるつもりはない。 아무리 연습이 힘들어도 포기할 생각은 없다.
☐	**なお** 더욱, 한층	カレーを作る時、チョコを入れると**なお**コクが出る。 카레를 만들 때 초콜릿을 넣으면 한층 감칠맛이 난다.
☐	**なるべく** 되도록, 될 수 있는 대로	**なるべく**たくさんの人にこの映画を見てもらいたいと思っている。 되도록 많은 사람들이 이 영화를 봐 주면 좋겠다고 생각하고 있다.
☐	**なんて・なんと** 어쩌면 이토록	パク・ボゴムさんは、**なんて**優しいんだろう。 박보검 씨는 어쩌면 이토록 다정한 것일까.
☐	**非常に** 매우, 상당히	最近、**非常に**蒸し暑い日が続いている。 요즘 상당히 무더운 날이 계속되고 있다.
☐	**再び** 두 번, 재차, 다시	**再び**受験に失敗して、とてもショックです。 다시 대학 시험에 실패해서 큰 충격을 받았습니다.
☐	**前もって** 미리, 사전에	このデンタルクリニックは**前もって**予約しなければならない。 이 치과는 사전에 예약해야만 한다.
☐	**まさか** 설마	これぐらいで**まさか**あきらめるのではないでしょう。 이 정도로 설마 포기하는 것은 아니겠지요.
☐	**まず** 우선, 어쨌든, 대체로(거의)	スマホがあったら道に迷うことは**まず**ないだろう。 스마트폰이 있으면 길을 헤매는 일은 거의 없을 것이다.
☐	**まったく** 전혀, 완전히	彼は生の魚は**まったく**食べないんだ。 그는 날생선은 전혀 먹지 않는다.

☐	**まもなく** 곧, 머지않아	**まもなく**1番ホームに電車がまいります。 곧 1번 홈에 전철이 들어오겠습니다.
☐	**まるで** 마치, 전혀	寝ている赤ちゃんは**まるで**天使のようだ。 자고 있는 아이는 마치 천사 같다.
☐	**むしろ** 오히려	パソコンを修理するより、**むしろ**買った方が安い。 컴퓨터를 수리하는 것보다 오히려 사는 편이 싸다.
☐	**もう少しで** 하마터면	足が滑って、**もう少しで**転ぶところだった。 발이 미끄러져서 하마터면 넘어질 뻔했다.
☐	**もしかして** 혹시, 어쩌면	**もしかして**野村さんでいらっしゃいますか。 혹시 노무라 씨이십니까?
☐	**もしかすると/もしかしたら** 어쩌면	**もしかすると**約束を忘れているかもしれない。 어쩌면 약속을 잊고 있을지도 모른다.
☐	**もっとも** 가장, 무엇보다도	世界で**もっとも**人口の多い国は中国だ。 세계에서 가장 인구가 많은 나라는 중국이다.
☐	**やっと** 겨우, 가까스로, 간신히	あなたのおかげで、**やっと**ここまで来られたと思います。 당신 덕분에 겨우 여기까지 올 수 있었다고 생각합니다.
☐	**ようやく** 겨우, 가까스로	タクシーに乗ったので**ようやく**約束の時間に間に合った。 택시를 탔기 때문에 겨우 약속 시간에 늦지 않았다.
☐	**わざと** 일부러, 고의로	**わざと**したことではありませんので、お許しください。 고의로 그런 것이 아니므로 용서해 주세요.
☐	**わざわざ** 일부러	**わざわざ**空港まで迎えに来てくれた。 일부러 공항까지 마중 와 주었다.

접속사 정리

문형·뜻	예문
☐ **あるいは** 또는, 혹은	明日**あるいは**明後日お伺いできると思います。 내일 또는 내일모레 찾아뵐 수 있을 거라 생각합니다.
☐ **一方** 한편	姉は優しくてかわいい。**一方**、妹は冷たくてわがままだ。 언니는 다정하고 귀엽다. 한편 동생은 냉정하고 멋대로이다.
☐ **けれども** 그렇지만, 하지만	数学は難しい。**けれども**、やってみれば面白いところもある。 수학은 어렵다. 하지만 해 보면 재미있는 부분도 있다.
☐ **さて** 그건 그렇고, 자	**さて**、本論に入りましょう。 그건 그렇고, 본론으로 들어갑시다.
☐ **しかし** 하지만, 그러나, 그렇지만	夜も寝ずに勉強した。**しかし**、合格点には達しなかった。 밤에 자지도 않고 공부했다. 그러나 합격점에는 미치지 못했다.
☐ **しかも** 게다가	彼はとてもやさしくてハンサムだ。**しかも**背も高い。 그는 매우 상냥하고 잘생겼다. 게다가 키도 크다.
☐ **したがって** 따라서	TOEICの点数がないと卒業できない。**したがって**、あなたは留年だ。 토익 점수가 없으면 졸업할 수 없다. 따라서 너는 유급이다.
☐ **すると** 그러자, 그랬더니	パソコンをつけた。**すると**変なメッセージが画面に表示された。 컴퓨터를 켰다. 그랬더니 이상한 메시지가 화면에 표시되었다.
☐ **すなわち** 즉, 바꾸어 말하면	韓国は四季、**すなわち**春、夏、秋、冬がはっきりしている。 한국은 사계, 즉 봄, 여름, 가을, 겨울이 분명하다.
☐ **そういえば** 그러고 보니	**そういえば**、明日チェジュ島に行くって言ったじゃない？ 그러고 보니 내일 제주도에 간다고 그러지 않았어?
☐ **そうすると・そうすれば** 그렇다면, 그렇게 되면, 그랬더니	窓を開けた。**そうすると**大きい虫が入ってきた。 창문을 열었다. 그랬더니 큰 벌레가 들어왔다.

☐ そこで 그래서	世界旅行がしたい。**そこで**、毎日少しずつお金をためている。 세계 여행을 하고 싶다. 그래서 매일 조금씩 돈을 모으고 있다.	
☐ そして 그리고	明日出張があります。**そして**夜には飲み会もあります。 내일 출장이 있습니다. 그리고 밤에는 회식도 있어요.	
☐ そのうえ 게다가	北海道の冬は寒い。**そのうえ**、雪も多い。 홋카이도의 겨울은 춥다. 게다가 눈도 많다.	
☐ そのため(に) 그것 때문에	昨日は風が強かった。**そのため**、飛行機は飛べなかった。 어제는 바람이 강했다. 그 때문에 비행기는 뜨지 못했다.	
☐ それから 그리고	まずはひらがなを覚えましょう。**それから**、会話の勉強を始めてください。 우선 히라가나부터 외웁시다. 그리고 회화 공부를 시작해 주세요.	
☐ それで 그래서	「彼女は日本に留学したことがあるよ。」「**それで**日本語が上手だったんだね。」 "그녀는 일본에서 유학한 적이 있어." "그래서 일본어를 잘했구나."	
☐ それでも 그렇지만, 그럴더라도	とても高いかばんだ。**それでも**買いたがる人は多いはずだ。 매우 비싼 가방이다. 그럴더라도 사고 싶어하는 사람은 많을 것이다.	
☐ それとも 그렇지 않으면	コーヒーはアイスにしますか。**それとも**ホットにしますか。 커피는 아이스로 할래요? 그렇지 않으면 뜨거운 것으로 할래요?	
☐ それなのに 그런데도	結婚している。**それなのに**、幸せでないのはなぜなんだろう。 결혼했다. 그런데도 행복하지 않은 것은 왜일까?	
☐ それなりに 그런 대로	今度の旅行は雨の日が多くて残念だったけど、**それなりに**楽しめた。 이번 여행은 비 오는 날이 많아서 아쉬웠지만 그런대로 즐길 수 있었다.	
☐ それに 게다가, 덧붙여, 더욱이	うちは古くて狭い。**それに**、周りもうるさくて住みにくい。 우리 집은 오래되고 좁아. 게다가 주변도 시끄러워서 살기 힘들어.	
☐ それにしては 그에 비하면	彼は東大を出たそうだが、**それにしては**頭が良くない。 그는 도쿄 대학을 나왔다고 하지만 그에 비하면 머리가 좋지 않다.	

☐ **それにしても** 그렇다 하더라도	**それにしても**、彼の行動は納得できません。 그렇다 하더라도 그의 행동은 납득할 수 없습니다.	
☐ **だが** 그러나, 하지만, 그렇지만	彼に何回も連絡をした。**だが**、返事が来ない。 그에게 몇 번이나 연락을 했다. 하지만 답장이 오지 않는다.	
☐ **だから** 그러니까, 그러므로	会議で大変だったそうだね。**だから**もっと勉強した方がいいと言ったじゃない。 회의에서 힘들었다면서. 그러니까 더 공부하는 편이 좋다고 했잖아.	
☐ **ただ(し)** 다만, 단	留学生なら誰でもこの寮に入ることができます。**ただし**、4年生は除きます。 유학생이라면 누구든지 이 기숙사에 들어올 수 있습니다. 단, 4학년은 제외합니다.	
☐ **だって** 하지만, 왜냐하면, 그게 말이지	「よく食べるね。」「**だって**、おいしいんだもん。」 "잘 먹네." "그게 말이야. 맛있거든."	
☐ **ですから** 그러니까, 그러므로	雨が降っています。**ですから**、散歩はやめましょう。 비가 내립니다. 그러니까 산책은 하지 맙시다.	
☐ **ところが** 그렇지만, 하지만, 그런데	忘年会にみんな来ると思った。**ところが**、参加者は3人だけだった。 송년회에 모두 올 거라고 생각했다. 그런데 참가자는 3명뿐이었다.	
☐ **ところで** 그런데, 그건 그렇고	来月、名古屋に引っ越します。**ところで**、あなたの田舎はどこですか。 다음 달에 나고야로 이사합니다. 그런데 당신의 고향은 어디인가요?	
☐ **とはいえ** 그렇다고는 해도	この家は駅から近い。**とはいえ**家賃が10万円なんて高すぎる。 이 집은 역에서 가깝다. 그렇다고는 해도 월세가 10만 엔이라니 너무 비싸다.	
☐ **または** 또는	参加申し込みはインターネット、**または**郵送でお願いします。 참가 신청은 인터넷 또는 우편으로 부탁합니다.	
☐ **もしくは** 혹은, 또는	お問い合わせは、メール**もしくは**電話でお願いします。 문의는 메일 혹은 전화로 부탁합니다.	

경어 정리

● 특별 경어

기본형	존경어	겸양어
行く 가다	いらっしゃる いらす おいでになる お越(こ)しになる	まいる 伺(うかが)う
来る 오다	いらっしゃる いらす 見(み)える おいでになる お見(み)えになる お越(こ)しになる	まいる 伺(うかが)う
いる 있다	いらっしゃる	おる
～ている ～하고 있다	～ていらっしゃる	～ておる
食べる 먹다 飲む 마시다	召(め)し上(あ)がる	いただく
見る 보다	ご覧(らん)になる	拝見(はいけん)する
見せる 보여 주다		お目(め)にかける ご覧(らん)に入(い)れる
言う 말하다	おっしゃる	申(もう)す / 申(もう)し上(あ)げる
する 하다	なさる	致(いた)す
知っている 알고 있다 知らない 모른다	ご存(ぞん)じだ ご存(ぞん)じじゃない	存(ぞん)じておる / 存(ぞん)じ上(あ)げておる 存(ぞん)じない / 存(ぞん)じ上(あ)げない

思う 생각하다		存_{ぞん}じる
くれる 주다(남→나)	くださる	
あげる 주다(나→남)		差_さし上_あげる
もらう 받다		いただく / 頂戴_{ちょうだい}する
訪問_{ほうもん}する 방문하다		伺_{うかが}う
聞く 묻다		伺_{うかが}う
聞く 듣다	お耳_{みみ}に入_{はい}る	伺_{うかが}う 拝聴_{はいちょう}する
寝る 자다	お休_{やす}みになる	
会う 만나다		お目_めにかかる
休む 쉬다	お休_{やす}みになる	
借りる 빌리다		拝借_{はいしゃく}する
受ける 받다		承_{うけたまわ}る
分かる 알다, 이해하다		かしこまる / 承知_{しょうち}する
〜です 〜이다	〜でいらっしゃる	

◉ [존경 표현]

☐ お(ご)〜(になって)ください 〜해 주십시오	注意事項をご覧になった上で、お申し込みください。 주의 사항을 보신 후에 신청해 주십시오.	
☐ お(ご)〜くださる 〜해 주시다	お忙しい中、お集まりくださいましてありがとうございます。 바쁘신 중에 모여 주셔서 감사합니다	
☐ お(ご)〜です 〜하시다, 〜이시다	社長は現場の方へおでかけです。 사장님은 현장에 나가셨습니다.	
☐ お(ご)〜なれる 〜하실 수 있다	IDとパスワードをご入力いただければお使いになれます。 ID와 비밀번호를 입력하시면 사용하실 수 있습니다. 身分証明証をお持ちでない方はお入りになれません。 신분증을 지참하지 않으신 분은 들어가실 수 없습니다.	
☐ お(ご)〜になる(なさる) 〜하시다	これについては部長がご説明なさいます。 이것에 대해서는 부장님이 설명하시겠습니다. この間お話になった内容はしっかり書き留めておきました。 지난번에 이야기하신 내용은 확실하게 적어 두었습니다.	
☐ お越しになる・おいでになる・見える 오시다(行く・来る의 존경어/見える는 来る의 존경어)	矢野さん、お客さんがお見えになりました。 야노 씨, 손님이 오셨습니다. 遠くまでお越しいただきまして、誠にありがとうございます。 멀리까지 와 주셔서 진심으로 감사드립니다. 近藤という方がおいでになりましたら、こちらに案内お願いします。 곤도라고 하는 분이 오시면 이쪽으로 안내 부탁드립니다.	
☐ ご存じだ 알고 계시다(知っている의 존경어)	ご存じのはずだと思いますが、確認のためもう一度申し上げさせていただきます。 분명 알고 계실 거라 생각하지만 확인을 위해 한 번 더 말씀드리겠습니다.	
☐ ご覧くださる 봐 주시다	ご迷惑でしょうが、これを少しご覧くださいませんか。 수고스러우시겠지만 이것 좀 봐 주시지 않겠습니까?	

표현	예문
☐ ～(さ)せてくださいますか/ ～(さ)せてくださいませんか ～하게 해 주시겠습니까? (주시지 않겠습니까?)	予約の日にちを変更させてくださいませんか。 예약 날짜를 변경하게 해 주실 수 없습니까?
☐ ～ていらっしゃる ～하고 계시다	転職を考えていらっしゃる方におすすめの本です。 이직을 생각하고 계신 분에게 추천하는 책입니다.
☐ ～でいらっしゃる ～이시다	教授はこの件についてもうご存じでいらっしゃいました。 교수님은 이 건에 대해서 이미 알고 계셨습니다.
☐ ～てくださいませんか ～해 주시지 않겠습니까?	ここでの写真撮影は遠慮してくださいませんか。 이곳에서의 사진 촬영은 삼가 주시지 않겠습니까?
☐ ～(ら)れる ～하시다	お疲れのようでしたら、少し休まれた方がいいと思います。 피곤하신 것 같으면 잠시 쉬시는 편이 좋겠다고 생각합니다.

● [겸양 표현]

표현	예문
☐ 承る 받다(受ける), 듣다(聞く)의 겸양어	内容によっては、返品・交換を承ることができない場合がございます。 내용에 따라서 반품, 교환을 받을 수 없는 경우가 있습니다.
☐ お(ご)～いただく/～いただける ～해 주시다/～해 줄 수 있다	本日もお招きいただきましてありがとうございます。 오늘도 초대해 주셔서 감사합니다. インターネットからもご回答いただけます。 인터넷으로 회신하실 수 있습니다.
☐ お(ご)～いただけないでしょうか ～해 주실 수 없겠습니까?	責任を持っていたしますので、お待ちいただけませんでしょうか。 책임감을 가지고 할 테니까 기다려 주실 수 없겠습니까?
☐ お(ご)～差し上げる ～해 드리다	戻りましたら、こちらからご連絡差し上げます。 돌아오시면 이쪽에서 연락 드리겠습니다.

☐	お(ご)〜する(いたす) 〜하다, 〜해 드리다	よろしければ、こちらでお預かりいたしましょうか。 괜찮으시면 이쪽에서 맡아 드릴까요?
☐	お(ご)〜できる 〜할 수 있다	プライバシーに関する内容にはお答えできません。 사생활에 관한 내용에는 대답할 수 없습니다.
☐	お(ご)〜願う 〜을 부탁드리다	室内でのおタバコはご遠慮願います。 실내에서 담배는 삼가 주시기를 부탁드립니다.
☐	お(ご)〜申し上げる 〜해 드리다	この度はご迷惑をおかけしましたことを深くお詫び申し上げます。 이번에 폐를 끼치게 된 것을 진심으로 사과드립니다.
☐	かしこまる/承知する 잘 알겠다/알고 있다	参加条件は承知しております。 참가 조건은 알고 있습니다. 予約の確認をお願いします。/ はい、かしこまりました。 예약 확인 부탁 드립니다. / 네, 알겠습니다.
☐	ご覧に入れる 보여 드리다(見せる의 겸양어)	明日、写真をご覧に入れます。 내일 사진을 보여 드리겠습니다.
☐	ご覧いただく 보시다	詳細はホームページをご覧いただくとお分かりになれると思います。 상세 내용은 홈페이지를 보시면 아실 수 있을 거라 생각합니다.
☐	〜(さ)せていただきたいんですが 〜하게 해 주셨으면 좋겠습니다만	そこら辺はもう少し検討させていただきたいのですが。 그 부분은 조금 더 검토하게 해 주시면 좋겠습니다만.
☐	〜(さ)せていただく 〜하게 해 주다	ご招待ありがとうございます。ぜひご一緒させていただきます。 초대 감사합니다. 꼭 같이 하겠습니다.
☐	〜(さ)せていただけますか/ 〜(さ)せていただけませんか 〜하게 해 주실 수 있겠습니까?/ 〜하게 해 주실 수 없겠습니까?	今後の計画について聞かせていただけないでしょうか。 향후의 계획에 대해서 들려 주실 수 없겠습니까?

☐	存(ぞん)じる・存(ぞん)じ上(あ)げる 알다(知る의 겸양어)	この件(けん)に関(かん)することでしたら、すでに存(ぞん)じ上(あ)げております。 이 건에 관한 일이라면 이미 알고 있습니다.
☐	頂戴(ちょうだい)する 받다(もらう의 겸양어)	恐(おそ)れ入(い)りますが、お名前(なまえ)を頂戴(ちょうだい)できますでしょうか。 죄송하지만, 성함을 말씀해 주시겠습니까?
☐	～ていただきたいんですが ～해 주시기를 바랍니다만	ぜひあなたの力(ちから)を貸(か)していただきたいと思(おも)っています。 꼭 당신의 힘을 빌려 주시면 좋겠다고 생각하고 있습니다.
☐	～ていただけませんか ～해 주실 수 없겠습니까?	録音中(ろくおんちゅう)なので、静(しず)かにしていただけませんか。 녹음 중이기 때문에 조용히 해 주실 수 없겠습니까?
☐	～ておる/～ておらず ～하고 있다/～하고 있지 않아서	申(もう)し訳(わけ)ありません。あいにく名刺(めいし)を切(き)らしておりまして…。 죄송합니다. 공교롭게도 명함이 떨어져서…. まだ息子(むすこ)の仕事(しごと)が決(き)まっておらず、心配(しんぱい)です。 아직 아들의 일이 정해지지 않아서 걱정입니다.
☐	～てまいる ～하고 오다	営業部(えいぎょうぶ)の山田部長(やまだぶちょう)に確(たし)かにお届(とど)けしてまいりました。 영업부의 야마다 부장님에게 분명히 전하고 왔습니다.
☐	～と存(ぞん)じます ～라고 생각합니다(思う의 겸양어)	お心(こころ)のこもったお手紙(てがみ)、本当(ほんとう)に嬉(うれ)しく存(ぞん)じます。 정성스러운 편지, 정말 기쁘게 생각합니다.

◉ [정중 표현]

☐	～ございます/～ございません ～있습니다/～없습니다	ご不明(ふめい)な点(てん)などがございましたらいつでもご連絡(れんらく)ください。 불명확한 점이 있으시면 언제든지 연락 주십시오.
☐	～でござる ～이다	その件(けん)に関(かん)しましては、ただ今確認中(いまかくにんちゅう)でございます。 그 건에 관해서는 지금 확인 중입니다.
☐	～てもよろしいでしょうか ～해도 괜찮겠습니까?	少々(しょうしょう)お時間(じかん)いただいてもよろしいでしょうか。 잠시 시간을 빼앗아도 괜찮겠습니까?

색인

～あげく	84
～あまり	84
～一方いっぽうだ	36
～一方いっぽうで	148
～上うえは	148
～上うえで(は)	36
～上うえに	85
～うちに/～ないうちに	37
～(よ)うではないか	86
～得える/～得えない	149
～おきに	38
～おそれがある	86
～思おもいをする	87
～欠かかせない・欠かかさず	38
～限かぎりは/～限かぎりでは/～ない限かぎり	88
～かける・かけだ	39
～がたい	88
～がちだ	89
～かというと・～かといえば	40
～かと思おもったら・かと思えば・かと思うと	90
～かねる/～かねない	40
～かのようだ	41
～から言いうと・から言いえば/～から言いって	90
～からこそ・てこそ	42
～からすると・からすれば/～からして	42
～からには	150
～から見みると・から見みれば/～から見みて	150
～気味ぎみ	91
～きらいがある	92
～きり	43
～切きる/～切きれる	44
～くらいなら	92
～げ	151
～ことか	152
～ことから	93
～ことだから	100
～ことなく	100
～ごとに	101
～ことに(は)	152
～最中さいちゅう(に)	153
～際さい(は)	102
～さえ～ば	44

~ざるを得ない	45	~てまで	108
~次第	52	~てもしかたがない	156
~末(に)	52	~てもはじまらない	156
~すら・~ですら	102	~といった	57
~だけあって・~だけに	103	~と思われる/~とは思えない	59
~たところ	53	~とか・~とかで	109
~たところで	154	~どころか	116
~たとたん(に)	154	~ところだった	157
~たら~で	54	~ところに・~ところへ/~ところを	164
~だらけ	104	~ところを見ると	164
~ついでに	54	~としたら・~とすれば・~とすると	58
~て以来	106	~とする	58
~てからでないと	106	~と~(と)では	108
~っけ	104	~とともに	165
~っこない	105	~とはいえ	116
~てしょうがない・~てしかたがない・~てたまらない	56	~とみえて/~とみえる	166
~つつある	55	どれだけ・どんなに・どれほど~か	117
~てならない	107	~ないことには	118
~てはじめて	56	~ないことはない	166
~っぽい	155	~ないですむ・~なくてすむ・~ずにすむ	118
		~ないではいられない・~ずにはいられない	119

색인 239

〜ながら(も/に)	60	〜に沿そって	172
〜なくはない/〜なくもない/〜ないでもない	120	〜に例たとえると	173
〜なりに/〜なりの	120	〜に違ちがいない	124
〜なんて	121	〜に次ついで/〜に次つぐ	125
〜にあたって	167	〜に伴ともなって	132
〜にあたる	168	〜に上のぼる・〜に達たっする	70
〜において	60	〜に反はんして	180
〜に応おうじて	61	〜に向むけて	132
〜にかかわらず	168	〜にもかかわらず	71
〜に限かぎって・〜に限かぎり/〜に限かぎらず	169	〜に基もとづいて	180
〜に限かぎる	122	〜にもほどがある	181
〜にかけては	68	〜によって・〜により/〜による	68
〜に決きまっている	170	〜抜ぬきに(して)/〜抜ぬきで	182
〜に加くわえて	170	〜ぬく	182
〜に際さいして・〜に際さいし	171	〜のではないか・〜ではないか	72
〜に先立さきだって・〜に先立さきだち	122	〜のみならず・〜のみか	133
〜にしたら・〜にすれば	123	〜は(や)しない/〜もしない	134
〜にしては	124	〜はずだ/〜はずがない	72
〜にしろ・〜にせよ・〜にしても	69	〜はともかく・〜はとにかく/〜ならともなく	134
〜にすぎない/〜でしかない	70	〜ほか(は)ない	135
〜に相違そういない	172	〜まい	136

～向きだ/～向けだ	183		～をはじめ(として)	140
～(に)もかまわず	184		～をひかえて	188
～下もとで	184		～をめぐって	141
～もの・もん	136		～をもとに(して)	189
～ものだ/～ものではない	73			
～ものだから	185			
～ものなら	74			
～ものの	75			
～ようがない	75			
～ようで(は)	186			
～ようなら(ば)・～ようだったら	76			
～わけがない	137			
～わけだ	76			
～わけではない	77			
～わけにはいかない	138			
～わりに(は)	186			
～を兼ねて	187			
～をきっかけに・～を契機に	138			
～を込めて	139			
～をたよりに	188			
～を問わず	140			

PART 3 합격 공략 정답 확인

01 최우선순위 문형 1 001~015

체크 ▶ p.36

001	002	003	004	005
①	②	①	①	①
006	007	008	009	010
②	④	①	②	①
011	012	013	014	015
②	④	②	①	④

실전 연습 01 ▶ p.48

문제7	1	3	2	1	3	4	4	3	5	1
	6	2	7	1	8	4				
문제8	9	1	10	4	11	3	12	1		
	13	1	14	4	15	4	16	4		
문제9	17	3	18	1	19	2	20	4	21	2

02 최우선순위 문형 2 016~030

체크 ▶ p.52

016	017	018	019	020
①	②	①	④	①
021	022	023	024	025
①	①	②	①	①
026	027	028	029	030
②	①	①	③	③

실전 연습 02 ▶ p.64

문제7	1	4	2	2	3	1	4	3	5	1
	6	2	7	4	8	4				
문제8	9	3	10	1	11	4	12	1	13	3
	14	2	15	1	16	3				
문제9	17	3	18	1	19	3	20	2	21	1

03 최우선순위 문형 3 031~045

체크 ▶ p.68

031	032	033	034	035
④	②	④	①	②
036	037	038	039	040
①	②	①	②	②
041	042	043	044	045
②	①	①	①	④

실전 연습 03 ▶ p.80

문제7	1	1	2	1	3	2	4	2	5	3
	6	3	7	4	8	2				
문제8	9	2	10	4	11	2	12	4	13	1
	14	4	15	1	16	1				
문제9	17	3	18	1	19	4	20	2	21	2

04 필수 문형 1 046~060

체크 ▶ p.84

046 ①	047 ②	048 ①	049 ②	050 ①
051 ③	052 ②	053 ①	054 ④	055 ①
056 ①	057 ②	058 ②	059 ①	060 ①

실전 연습 04 ▶ p.96

문제 7	1 3	2 1	3 3	4 4	5 3
	6 3	7 2	8 2		
문제 8	9 3	10 4	11 2	12 3	13 3
	14 1	15 2	16 2		
문제 9	17 2	18 4	19 3	20 1	21 1

05 필수 문형 2 061~075

체크 ▶ p.100

061 ①	062 ④	063 ②	064 ①	065 ①
066 ②	067 ①	068 ②	069 ④	070 ①
071 ①	072 ①	073 ①	074 ④	075 ①

실전 연습 05 ▶ p.112

문제 7	1 2	2 4	3 1	4 3	5 4
	6 1	7 2	8 1		
문제 8	9 3	10 2	11 4	12 1	13 1
	14 1	15 2	16 4		
문제 9	17 3	18 2	19 1	20 1	21 2

06 필수 문형 3 076~090

체크 ▶ p.116

076 ①	077 ①	078 ①	079 ②	080 ④
081 ③	082 ②	083 ①	084 ①	085 ②
086 ②	087 ①	088 ④	089 ②	090 ②

실전 연습 06 ▶ p.128

문제 7	1 4	2 3	3 4	4 3	5 1
	6 1	7 3	8 3		
문제 8	9 1	10 1	11 4	12 1	13 1
	14 4	15 2	16 3		
문제 9	17 1	18 1	19 3	20 3	21 2

07 필수 문형 4 091~105

체크 ▶ p.132

091 ①	092 ②	093 ②	094 ④	095 ③
096 ①	097 ②	098 ②	099 ②	100 ①
101 ②	102 ②	103 ①	104 ②	105 ①

실전 연습 07 ▶ p.144

문제 7	1 1	2 4	3 2	4 3	5 4
	6 1	7 4	8 1		
문제 8	9 3	10 2	11 3	12 3	13 2
	14 2	15 2	16 1		
문제 9	17 3	18 1	19 4	20 3	21 3

08 중요 문형 1 106~120

체크 ▶ p.148

106	107	108	109	110
②	①	④	②	②
111	112	113	114	115
②	②	②	④	①
116	117	118	119	120
①	②	③	①	②

실전 연습 08 ▶ p.160

문제7	1 ②	2 ④	3 ②	4 ①	5 ③
	6 ①	7 ③	8 ④		
문제8	9 ④	10 ④	11 ③	12 ②	13 ①
	14 ③	15 ①	16 ①		
문제9	17 ②	18 ①	19 ④	20 ①	21 ①

09 중요 문형 2 121~135

체크 ▶ p.164

121	122	123	124	125
③	④	①	②	④
126	127	128	129	130
②	①	②	①	①
131	132	133	134	135
①	②	②	①	①

실전 연습 09 ▶ p.176

문제7	1 ④	2 ③	3 ②	4 ②	5 ①
	6 ④	7 ③	8 ①		
문제8	9 ③	10 ①	11 ④	12 ②	13 ④
	14 ①	15 ①	16 ②		
문제9	17 ①	18 ④	19 ②	20 ②	21 ③

10 중요 문형 3 136~150

체크 ▶ p.180

136	137	138	139	140
②	④	①	②	②
141	142	143	144	145
①	②	①	②	①
146	147	148	149	150
④	①	②	①	③

실전 연습 10 ▶ p.192

문제7	1 ④	2 ③	3 ①	4 ②	5 ②
	6 ④	7 ①	8 ②		
문제8	9 ③	10 ③	11 ④	12 ①	13 ④
	14 ④	15 ②	16 ③		
문제9	17 ③	18 ③	19 ②	20 ②	21 ③

PART 4 실전 공략 정답 확인

실전 공략 모의고사 01 ~ 03 정답

모의고사 01 ▶ p.198

문제 7	1	3	2	1	3	3	4	2	5	4	6	2	7	4	8	1
	9	2	10	4	11	2	12	3								
문제 8	13	4	14	1	15	2	16	4	17	3						
문제 9	18	1	19	3	20	4	21	2	22	3						

모의고사 02 ▶ p.204

문제 7	1	3	2	2	3	2	4	1	5	3	6	3	7	4	8	2
	9	1	10	2	11	4	12	2								
문제 8	13	4	14	1	15	3	16	1	17	4						
문제 9	18	3	19	2	20	4	21	1	22	2						

모의고사 03 ▶ p.210

문제 7	1	3	2	2	3	2	4	3	5	4	6	1	7	2	8	4
	9	3	10	2	11	2	12	3								
문제 8	13	3	14	4	15	1	16	1	17	3						
문제 9	18	2	19	4	20	1	21	2	22	3						

N2 문법 실전 공략 해답 용지

모의고사 01

問題 7

1	①	②	③	④
2	①	②	③	④
3	①	②	③	④
4	①	②	③	④
5	①	②	③	④
6	①	②	③	④
7	①	②	③	④
8	①	②	③	④
9	①	②	③	④
10	①	②	③	④
11	①	②	③	④
12	①	②	③	④

問題 8

13	①	②	③	④
14	①	②	③	④
15	①	②	③	④
16	①	②	③	④
17	①	②	③	④

問題 9

18	①	②	③	④
19	①	②	③	④
20	①	②	③	④
21	①	②	③	④
22	①	②	③	④

모의고사 02

問題 7

1	①	②	③	④
2	①	②	③	④
3	①	②	③	④
4	①	②	③	④
5	①	②	③	④
6	①	②	③	④
7	①	②	③	④
8	①	②	③	④
9	①	②	③	④
10	①	②	③	④
11	①	②	③	④
12	①	②	③	④

問題 8

13	①	②	③	④
14	①	②	③	④
15	①	②	③	④
16	①	②	③	④
17	①	②	③	④

問題 9

18	①	②	③	④
19	①	②	③	④
20	①	②	③	④
21	①	②	③	④
22	①	②	③	④

모의고사 03

問題 7

1	①	②	③	④
2	①	②	③	④
3	①	②	③	④
4	①	②	③	④
5	①	②	③	④
6	①	②	③	④
7	①	②	③	④
8	①	②	③	④
9	①	②	③	④
10	①	②	③	④
11	①	②	③	④
12	①	②	③	④

問題 8

13	①	②	③	④
14	①	②	③	④
15	①	②	③	④
16	①	②	③	④
17	①	②	③	④

問題 9

18	①	②	③	④
19	①	②	③	④
20	①	②	③	④
21	①	②	③	④
22	①	②	③	④

동양북스 채널에서 더 많은 도서 더 많은 이야기를 만나보세요!

외국어 출판 45년의 신뢰
외국어 전문 출판 그룹
동양북스가 만드는 책은 다릅니다.

45년의 쉼 없는 노력과 도전으로 책 만들기에 최선을 다해온
동양북스는 오늘도 미래의 가치에 투자하고 있습니다.
대한민국의 내일을 생각하는 도전 정신과 믿음으로 최선을 다하겠습니다.

동양북스